デリバティブの会計入門

新日本有限責任監査法人―――［編］

中央経済社

発刊にあたって

　会計に携わる方なら，「基準や実務指針，解説書を読んでみたが，難解でわからなかった」といった経験があるのではないでしょうか。本書は，図解やキャラクター，そして専門用語でない一般用語を用いた解説で，会計処理に関するもやもや感を「スッキリ」させることをねらいとしています。図解を用いた解説本では，既刊の「図解でざっくり会計シリーズ」があり，好評を得ております。本書は，当シリーズの良い点を引き継ぎつつ，「もっと深いところまで知りたい」という読者の声にもこたえるために企画しました。

　本書のテーマはデリバティブ取引です。デリバティブ取引は，実務で頻繁に行われている一方で会計処理が難しく，また，金融商品に関する会計基準や外貨建取引等会計処理基準，その他多くの関連する基準があり，理解が難しいといわれています。本書では，「デリバティブ取引とは？」といったしくみからやさしく入り，デリバティブの本質や，ヘッジ取引・時価の意義，各デリバティブの内容や会計処理，複合金融商品まで，奥深く解説します。

　経理業務に関わりのある方のみならず，会計を理解したいという多くの方に手に取っていただき，会計を身近に感じていただけましたら幸甚です。

　最後に，本書執筆にあたり，アドバイスをいただきました株式会社中央経済社の末永芳奈氏にこの場をお借りして御礼を申し上げます。

平成28年8月

　　　　　　　　　　　　　新日本有限責任監査法人　筆　者　一　同

本書の読み方

①原則，1見開き1テーマです。まずテーマを把握しましょう。テーマ別なので，知りたいor調べたいところだけのつまみ食いもOK！

1-6 デリバティブの特徴②

てこの原理！ レバレッジ効果

デリバティブには，小さな元手（初期投資が**ゼロ**または**少額**）で大きな取引ができるという特徴があります。この特徴は，小さな力で大きなものを動かすことができる「てこ（lever）」に似ていることから，レバレッジ（leverage）**効果**と呼ばれています。

小さな元手の例	
取引例	初期投資額
先物取引（株式の空売りなど）	株式のレンタル料（別途，担保として委託証拠金（§1-2参照）が必要）
金利先渡取引	なし
オプション取引	**オプション料（§1-3参照）**
金利スワップ取引	なし

小さな元手で大きな取引ができるということは，取引を実行しやすいという利点があるといえますが，裏返すと，予想が外れた場合大きな損失となるリスクがあるということです（ただし，§1-3のとおり，オプション取引の買い手は支払ったオプション料が最大損失となります）。

 Check! 明確な会計処理とリスクの開示

デリバティブには大きな損失リスクがあるため，デリバティブ取引の会計処理方法が会計基準により明確に定められています。また，有価証券報告書においては，デリバティブの取組方針等を開示することが求められるなど，誰もが一律にその状況を把握できるようになっています。

②右ページの図解と合わせ，読み進めていきましょう。重要な用語は，Key wordとして強調し，＋αの知識は，Check!として紹介します。

むずかし～いテーマも図解の力で，頭にしみいるように解説します！　もう挫折はしないよ！

スッキリ丸

§1　デリバティブ取引とは？　13

小さな元手で高額投資！　その分、危険も……

■例：株式の空売りの場合

現在の株価：10,000円

ある株式10,000株を借りて売った

少額のレンタル料で

将来の株価予想

業績が悪いから株価はきっと下がるぞ！

本来1億円必要な取引を，少額で実施！

決済日
(売った株を購入して返却)

決済日の株価：9,000円　　　決済日の株価：11,000円

1,000万円の大儲けだ！ ※1

1,000万円の大損だ… ※2

※1 (10,000−9,000)円 ×10,000株

※2 (10,000−11,000)円 ×10,000株

レバレッジ効果の利用は，ハイリスク・ハイリターンと心得よ!!

③スッキリ丸の疑問や発見により，つまずきやすい点，論点を把握することができます。

Contents

発刊にあたって
本書の読み方

§1　デリバティブ取引とは？ …………………………… 1

- 1-1　デリバティブの意味 …………………………… 2
  デリバティブ＝元の取引からのスピンオフ！
- 1-2　デリバティブの種類① …………………………… 4
  先渡取引・先物取引　〜取引の予約〜
- 1-3　デリバティブの種類② …………………………… 6
  オプション取引　〜取引を実行する権利〜
- 1-4　デリバティブの種類③ …………………………… 8
  スワップ取引　〜取引の交換〜
- 1-5　デリバティブの特徴① …………………………… 10
  まるでカメレオン!?　のデリバティブ
- 1-6　デリバティブの特徴② …………………………… 12
  てこの原理！　レバレッジ効果
- 1-7　デリバティブの特徴③ …………………………… 14
  お金が動くのは売買代金の差額だけ!?　差金決済！
- 1-8　基礎商品のリスク① …………………………… 16
  価格が変動するリスク
- 1-9　基礎商品のリスク② …………………………… 18
  外国為替相場が変動するリスク

1-10	基礎商品のリスク③ ……………… 20

　　　　金利が変動するリスク

1-11	デリバティブの目的 ……………… 22

　　　　リスクヘッジと投機目的

COLUMN 世界初の公設商品先物市場は日本だった！
　　　　―大阪（大坂）堂島米先物市場 ……………… 24

§2 デリバティブに会計基準が定められる理由 … 25

2-1	デリバティブに関する会計基準 …………… 26

　　　　デリバティブの会計処理は，金融商品会計基準に従う

2-2	取得原価主義で会計処理すると？ ………… 28

　　　　取得原価主義＝決済する時に初めて損益を認識

2-3	損益をタイムリーに反映させるには？ …… 30

　　　　取得原価主義よりも時価主義

2-4	デリバティブの原則的な会計処理 ………… 32

　　　　決算日に時価で評価して当期の損益に反映させる

COLUMN デリバティブのリスク管理 ……………………… 34

§3 ヘッジ会計とは …………………………………… 35

3-1	ヘッジ取引とは ……………………………… 36

　　　　ヘッジ取引はリスク管理のための強い味方

3-2	ヘッジ対象とヘッジ手段とは ……………… 38

　　　　ヘッジ対象とヘッジ手段は値動きが逆

- 3－3 ヘッジ取引の種類① ……………………… 40
  相場変動を相殺するヘッジ
- 3－4 ヘッジ取引の種類② ……………………… 42
  キャッシュ・フローを固定する
- 3－5 ヘッジ会計のニーズ ……………………… 44
  ヘッジの効果を会計に反映させる
- 3－6 ヘッジ会計の方法①／繰延ヘッジ ………… 46
  ヘッジ会計の原則的処理は繰延ヘッジ
- 3－7 ヘッジ会計の方法②／時価ヘッジ ………… 48
  時価ヘッジは例外的な処理方法
- 3－8 ヘッジ会計の方法③ ……………………… 50
  振当処理・特例処理
- 3－9 ヘッジ会計の適用要件①／事前テスト …… 52
  事前要件はリスク管理方針への準拠性
- 3－10 ヘッジ会計の適用要件②／事後テスト …… 54
  事後要件は相関性の検証

COLUMN 個別ヘッジと包括ヘッジ
―複数の資産・負債をまとめてヘッジすることも可能！… 56

§4 デリバティブの時価と測定の考え方 ……… 57

- 4－1 時価の考え方 ……………………………… 58
  時価の定義における市場参加者とは？
- 4－2 時価の算定方法 …………………………… 60
  評価技法とインプット
- 4－3 デリバティブが取引される市場 …………… 62
  取引所取引と取引所以外の市場における取引

| 4-4 | 現在価値技法（その1） ……………………… 64
割引計算とは
| 4-5 | 現在価値技法（その2） ……………………… 66
金利スワップの時価算定①（変動金利部分の割引計算）
| 4-6 | 現在価値技法（その3） ……………………… 68
金利スワップの時価算定②（変動部分と固定部分の合計）
| 4-7 | オプション価格モデル ……………………… 70
オプション価格を構成する要素とは
| 4-8 | 時価を入手して使用する場合 ……………… 72
第三者から入手した価格を使用する

COLUMN　金融危機と時価評価 …………………………………… 74

§5　先渡取引・先物取引の種類と会計処理 ……… 75

| 5-1 | 先渡取引・先物取引とは？ …………………… 76
定義5要件！
どこで，いつ，なにを，いくらで，どうする？
| 5-2 | 先渡取引・先物取引のメリット ……………… 78
売りが先？　価格確定，少額投資で高額利益!?
| 5-3 | 為替予約とは？ ……………………………… 80
異なる通貨を決まった時期・価格で売買する！
| 5-4 | 為替予約の会計処理 ………………………… 82
独立処理，ヘッジ会計（原則・振当）の3パターン
| 5-5 | ヘッジ会計の原則的処理 …………………… 84
ヘッジ対象とヘッジ手段の損益を同タイミングで認識
| 5-6 | ヘッジ会計の振当処理① …………………… 86
2ステップ！　直々差額の処理・直先差額の処理

| 5-7 | ヘッジ会計の振当処理② ……………………… 88
とっても簡便！ 振当処理の例外処理
| 5-8 | 個別予約と包括予約 ………………………… 90
包括予約は，柔軟性のある個別予約の集合体
| 5-9 | 予定取引とヘッジ会計 ……………………… 92
ヘッジ会計適用可否は予測可能と実行可能性がカギ
| 5-10 | 長期の為替予約の留意点 ………………… 94
為替予約にヘッジ会計が適用できない場合とは？
| 5-11 | 複数の外貨建金銭債権債務等への予約の振当 96
為替予約の比例配分！ 現実の取引は複数が基本
| 5-12 | その他の先渡取引・先物取引 …………… 98
金利先渡取引（FRA:Forward Rate Agreement）

COLUMN 先物為替相場はどうやって決まる？？
―直物為替相場と2通貨間の金利差から決定!!… 100

§6 オプション取引の種類と会計処理 …………… 101

| 6-1 | オプション取引とは ……………………… 102
オプション取引とはある条件を満たす権利である
| 6-2 | オプション取引の特徴と種類 …………… 104
損失を限定しながら利益を得られる
| 6-3 | オプションの買い手と売り手 …………… 106
オプション取引の売り手には無限の損失の可能性も!?
| 6-4 | 買う権利と売る権利 ……………………… 108
「コール・プット」「売り手・買い手」の2×2で4パターン

- 6-5 オプションの価値を分解すると …………… 110
  オプションの価値＝本源的価値＋時間価値
- 6-6 ITM, ATM, OTM ………………………… 112
  オプション行使で儲かるか否かの状態を示す指標
- 6-7 オプション価値に影響する要素① ………… 114
  価値に影響する要素から性質が理解できる!?
- 6-8 オプション価値に影響する要素② ………… 116
  ボラティリティや金利も影響を与える要素
- 6-9 オプションの会計処理① ………………… 118
  取引時と決算時の処理
- 6-10 オプションの会計処理② ………………… 120
  権利行使するか否かで処理が変わる
- 6-11 ノックアウトとノックイン ……………… 122
  権利が出現したり消滅したりするオプション
- 6-12 金利オプションとは ……………………… 124
  金利変動に対する保険の役割
- 6-13 金利カラー取引とは ……………………… 126
  金利キャップと金利フロアの組み合わせ
- 6-14 オプションの取引戦略 …………………… 128
  オプションのさまざまな取引戦略

§7 スワップ取引の種類と会計処理 ……………… 131

- 7-1 スワップ取引とは ………………………… 132
  スワップ取引は"交換"取引
- 7-2 スワップ取引の種類とメリット・デメリット · 134
  代表例は「金利スワップ」と「通貨スワップ」

| 7－3 | 金利スワップとは ················· 136
金利を交換する！
| 7－4 | 金利スワップの会計処理 ················· 138
金利スワップの会計処理は3パターン
| 7－5 | 金利スワップの特例処理とは ················· 140
借入金利息と金利スワップを一体として処理する
| 7－6 | 特例処理が使える要件 ················· 142
6つの要件を満たす必要がある
| 7－7 | 通貨スワップとは ················· 144
通貨を交換する！
| 7－8 | 通貨スワップの会計処理 ················· 146
通貨スワップの会計処理は3パターン
| 7－9 | 振当処理が使える要件 ················· 148
為替予約型または直先フラット型
| 7－10 | 通貨スワップ（為替予約型）の会計処理① ··· 150
為替予約と同様の処理方法
| 7－11 | 通貨スワップ（為替予約型）の会計処理② ··· 152
利息相当額を利息法で配分する方法
| 7－12 | 通貨スワップ（為替予約型）の会計処理③ ··· 154
利息相当額を定額法で配分する方法
| 7－13 | 通貨スワップの振当処理（直先フラット型） 156
利息相当額を利息法で配分する方法

COLUMN　さまざまなスワップ取引 ················· 158

§8 複合金融商品とは ……………………………… 159

- **8-1** 複合金融商品とは ………………………… 160
  複合金融商品＝2種類以上の金融商品の組み合わせ
- **8-2** 新株予約権 ………………………………… 162
  一定の条件で株式を購入できる権利
- **8-3** 転換社債型新株予約権付社債 …………… 164
  社債と新株予約権を一体として会計処理
- **8-4** その他の新株予約権付社債 ……………… 166
  社債の部分と新株予約権の部分に分けて会計処理
- **8-5** その他の複合金融商品 …………………… 168
  原則一体処理，一定の要件を満たすと区分処理
- **8-6** 区分処理が必要な場合 …………………… 170
  デリバティブの損益を適切に反映させるために…
- **8-7** 区分処理の会計処理 ……………………… 172
  デリバティブを区分して時価評価
- **8-8** リバース・デュアル・カレンシー債 …… 176
  元本は円貨建て，利息は外貨建て
- **8-9** シンセティックCDO ……………………… 178
  複数の倒産リスクを取引する
- **8-10** 変動利付国債 ……………………………… 180
  短期金利を長期金利にスワップ

COLUMN 変動利付国債の落とし穴 …………………… 182

§1 デリバティブ取引とは？

デリバティブってなんだろう？ 名前からして難しいのに，日本語にすると「金融派生商品」だなんて，ますます難しい！ けれどその正体は金融取引のスピンオフ。身近なワードになるだけで，一歩近づけた気がしますよね。

§1では、デリバティブの代表的な3つの取引と3つの特徴，そしてその背景にある3つのリスクを理解することで，デリバティブ取引の基礎をがっちり掴んでスッキリしましょう！

1-1 デリバティブの意味

デリバティブ＝元の取引からのスピンオフ！

「**デリバティブ**とは，**金融派生商品**である」という説明を耳にしたことはありませんか？ しかし「**派生**」という表現は日常生活ではあまり使われない言葉ですので，ピンとこない人も多いのではないでしょうか。

少しニュアンスは違いますが，「**スピンオフ**」と言われればどうでしょう。ある映画やテレビドラマに人気が出ると，それがきっかけでブレイクした脇役が主人公となる「スピンオフ作品」と呼ばれる派生作品が制作されることがありますよね。デリバティブも同じようなものなのです。すなわち，まず元となる金融取引があり，そこになんらかのニーズが生じた結果，生まれたのがデリバティブです。

デリバティブ＝金融取引（株式・為替・借入等の取引）から**スピンオフした取引**

【例】

元となる金融取引	→ スピンオフ →	デリバティブ取引
株式の現物売買		株式の空売り
通貨交換		交換時期やレートが予約された通貨交換
資金の借入れ		借入れに対する金利条件の交換取引

以上のように，デリバティブには，あくまで元となる取引があります。デリバティブを考える上では，両者をセットで考える必要があります。

> **🗝 Key Word　株式の空売り**
> 借りた株式を売却し，後で買い戻して差額の利益を得る投資手法のことをいいます。

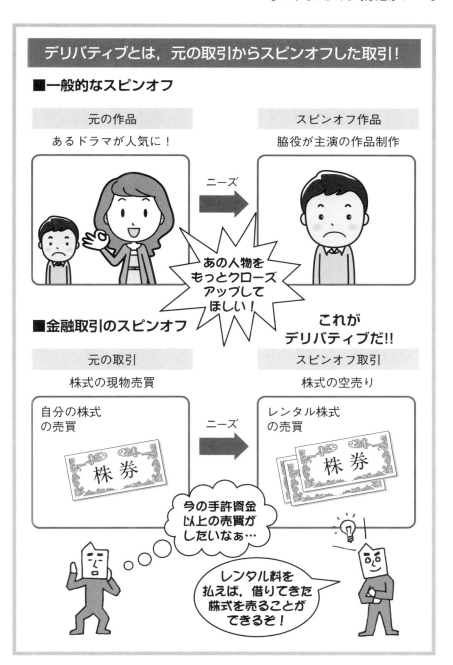

1-2 デリバティブの種類①

先渡取引・先物取引　～取引の予約～

　デリバティブの具体例として，まず**先渡取引・先物取引**（詳細は§5）を紹介します。厳密にいえば両者は異なる取引ですが，いずれも将来予定している特定の取引について，その金額等の契約内容を契約時に決定してしまう取引，つまり「**取引の予約**」です。

先渡取引・先物取引　＝　取引の予約
【例】"X1/3/31に金10kgを1gあたり5,000円で買う"という取引の予約

　先渡取引の場合，原則として相対で取引を行い，実際にお金を支払って，金10kgの現物を購入します（「**現物決済**」という）。

　先物取引の場合，取引所において取引を行い，実際に金10kgの現物の受渡しは行わず，**反対売買**による**差金決済**（**§1-7**参照）を行うことが一般的です。また，取引に際して**委託証拠金**（取引実行の担保として契約時に取引所に預けるお金）が必要になります。

　先渡取引・先物取引の「元となる金融取引」の多くは，日々価格や相場等が変動している商品（為替，金利，有価証券や金など）の売買取引です。

> 🔑 **Key Word　反対売買**
> 売ったら必ず買う，買ったら必ず売るという期日が定められている取引における，その期日までに行わなければならない反対の売買のことをいいます。反対売買では，実際の現物の受け渡しは行われません。

先渡取引・先物取引は「取引の予約」

■先渡取引

契約日：X1/2/28
契約条件：X1/3/31に金1g 5,000円で10kg（10,000g）購入
X1/3/31における時価：金1g 5,100円

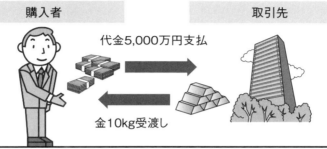

予約なしで購入するよりも，
100万円（(5,100円－5,000円)×10,000g）お得!!

■先物取引

契約日：X1/2/28
契約条件：X1/3/31に金1g 5,000円で10kg（10,000g）購入
　　　　　→反対売買
X1/3/31における時価：金1g 5,100円

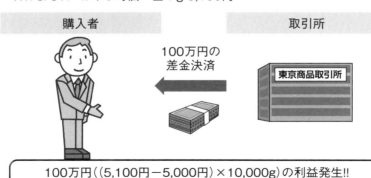

100万円（(5,100円－5,000円)×10,000g）の利益発生!!

1-3 デリバティブの種類②

オプション取引　〜取引を実行する権利〜

　次に，デリバティブの具体例として，**オプション取引**（詳細は§6）を紹介します。オプション取引とは，将来の一定の時期に，契約時に定めた金額等の条件に基づいて特定の**取引を実行する権利**のことをいいます。「権利」であって「義務」ではないため，都合が悪くなった場合は行使しなくても構いません。一種の「**保険**」のようなものです。

> **オプション取引　＝　取引を実行する権利**
> 【例】"X1/3/31に金10kgを1gあたり5,000円で買う"という取引を実行する権利

　取引の実行予定日に金1gの時価が5,000円を上回っていれば，このオプション取引を実行する権利（**オプション権**）を行使すると時価よりも安く購入できます。しかし，5,000円を下回った場合には，市場で購入したほうが安く購入できるため，通常はオプション権を放棄します。このようにオプションの買い手の都合に合わせた取引実行が可能であるため，契約時には一定の**オプション料**を支払う必要があります。

　オプション取引の「元となる金融取引」の多くも，日々価格や相場等が変動している商品（為替，金利，有価証券や金など）の売買取引です。

> 🔑 **Key Word　オプション料**
> 　別名「オプション・プレミアム」ともいい，オプションの買い手が売り手に対して支払う一種の保険料です。取引総額よりも極めて少額であり，取引を実行しなかった場合，買い手はこのオプション料のみの負担で済むことになります。

オプション取引は「取引を実行する権利」

契約日：X1/2/28
契約条件：X1/3/31に金１ｇ5,000円で10kg(10,000g)を購入する権利
オプション料：10万円

買い手	売り手

契約時（X1/2/28）

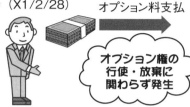
オプション料支払

オプション権の行使・放棄に関わらず発生

■オプション権を行使するケース

X1/3/31（時価：金１ｇ5,100円）

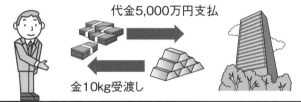
代金5,000万円支払
金10kg受渡し

市場で購入するよりも，
90万円((5,100円－5,000円)×10,000g－オプション料)お得!!

■オプション権を放棄するケース

X1/3/31（時価：金１ｇ4,900円）

取引なし

オプション権を放棄することで，損失を回避!!

1-4 デリバティブの種類③

スワップ取引　～取引の交換～

　デリバティブの具体例として，最後に**スワップ取引**（詳細は§7）を紹介します。スワップ取引とは，一定期間に一定条件のもと，取引相手との間で金利，為替相場，商品価格等により決定されるお金を**交換する取引**のことをいいます。

スワップ取引　＝　取引の交換
【例】X1/4～X2/3の毎月末に，金10kg（10,000g）の時価と1gあたり5,000円で計算された固定価格（5,000万円＝5,000円×10,000g）を交換する取引

　取引実行時に金10kgの時価が5,000万円を上回るか下回るかで，契約者の損得が決定されます。このスワップ取引は，金の時価と固定価格というお金同士の交換取引であり，金そのものの売買は関係ない点がポイントです。上記の例のように商品価格を対象としたスワップ取引を**商品スワップ**と呼びますが，スワップ取引の中には，固定金利と変動金利などのような異なる金利の交換取引（**金利スワップ**）や，円とドルといった異なる通貨の交換取引（**通貨スワップ**）も存在します。

　スワップ取引の「元となる金融取引」の多くも先渡取引・先物取引やオプション取引と同様，日々価格や相場等が変動している商品（為替，金利，有価証券や金など）の売買取引です。

> 🔑 **Key Word　スワップ取引**
> スワップ（swap）とは英語で「交換する」という意味で，二者間で行われる将来のお金の交換取引をさします。

スワップ取引は「取引の交換」

■スワップ取引

契約条件：X1/4〜X2/3の 毎月末に金10kgの時価相当の金額と
　　　　　5,000円/gで計算された固定価格を交換する取引
X1/4末における時価：金10kg 5,100万円

X1/4末における取引

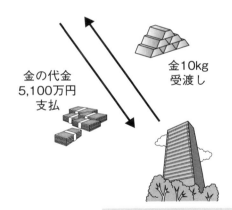

金の時価がいくら変動しても、
金購入に必要な実質的な支払は＜定額＞!!

1-5 デリバティブの特徴①

まるでカメレオン!? のデリバティブ

　これまで見てきたとおり、デリバティブは「元となる金融取引」を基礎として、先渡取引・先物取引・オプション取引・スワップ取引など、さまざまな取引形態が存在します。例としてすべての取引で"金"の売買を取り上げましたが、これが為替や金利、はたまた有価証券であったりと、元となる金融取引によってデリバティブはさまざまな取引に姿を変えます。また、それぞれ価格や相場等が日々変動するものが対象になっていることから、取引発生から完了までの期間を通じてその**価値は変動**していきます。

> §1−2の先渡・先物取引を「金」ではなく「為替相場」にすると…
> 【例】決済日に100ドルを1ドル＝100円で購入するという取引の予約
> 　そのデリバティブの価値は……？
> 　【例1】為替相場が1ドル＝110円の場合
> 　　　100ドル×（110円−100円）＝ ＋1,000円（含み益）
> 　【例2】為替相場が1ドル＝90円の場合
> 　　　100ドル×（90円−100円）＝ △1,000円（含み損）

　以上のように、デリバティブは「元となる金融取引」次第で、その取引内容から価値までがさまざまある、もしくは日々変動していく、**まるでカメレオンのような特徴のある取引**ということができるのです。

> 🔑 **Key Word　デリバティブの価値**
> デリバティブ取引を実行した場合と、その元となる金融取引を時価で取引した場合との差額が、デリバティブの価値となります。

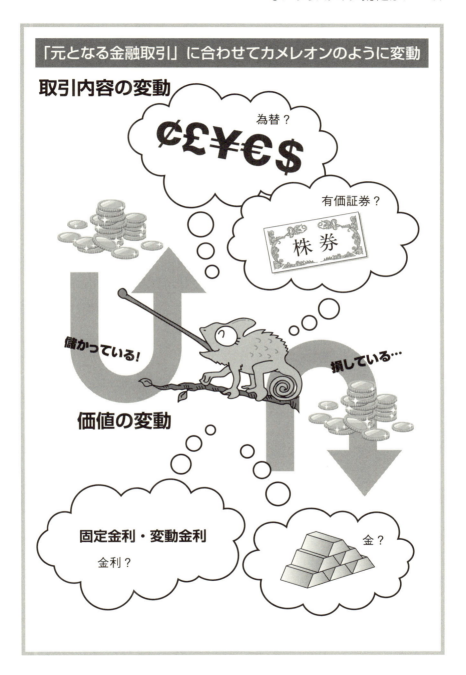

1-6 デリバティブの特徴②

てこの原理！ レバレッジ効果

　デリバティブには，小さな元手（初期投資が**ゼロ**または**少額**）で大きな取引ができるという特徴があります。この特徴は，小さな力で大きなものを動かすことができる「てこ（lever）」に似ていることから，**レバレッジ**（leverage）**効果**と呼ばれています。

小さな元手の例	
取引例	初期投資額
先物取引 （株式の空売りなど）	株式のレンタル料（別途，担保として委託証拠金（§1-2参照）が必要）
金利先渡取引	なし
オプション取引	**オプション料（§1-3参照）**
金利スワップ取引	なし

　小さな元手で大きな取引ができるということは，取引を実行しやすいという利点があるといえますが，裏返すと，予想が外れた場合大きな損失となるリスクがあるということです（ただし，§1-3のとおり，オプション取引の買い手は支払ったオプション料が最大損失となります）。

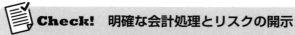

Check! 明確な会計処理とリスクの開示

　デリバティブには大きな損失リスクがあるため，デリバティブ取引の会計処理方法が会計基準により明確に定められています。また，有価証券報告書においては，デリバティブの取組方針等を開示することが求められるなど，誰もが一律にその状況を把握できるようになっています。

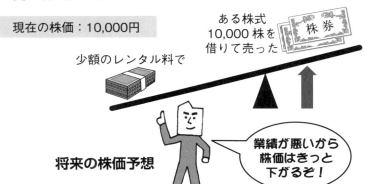

1-7 デリバティブの特徴③

お金が動くのは売買代金の差額だけ!?　差金決済！

　デリバティブの特徴の3つ目として，**差金決済（純額決済）**が挙げられます。§1-6のとおり，デリバティブには小さな元手で大きな取引ができるという特徴があるので，契約者は取引に必要な資金総額を保有していなくてもよいということになります。対象商品を，売った場合は買う，買った場合は売る，というように常に反対売買をセットで行うことにより，その**差額を決済**するだけで**損益を確定**させ，取引を完了させることができます。この特徴的な決済方法を**差金決済（純額決済）**といいます。

---
§1-6の例で考えよう！
株価10,000円で10,000株を空売りしたあと……
■ケース1
　① 決済日株価は9,000円になり，この金額で10,000株を購入
　② 契約者は売買の差額である1,000万円を受け取る※。
■ケース2
　① 決済日株価は11,000円になり，この金額で10,000株を購入
　② 契約者は売買の差額である1,000万円を支払う※。
※いずれも②でのみお金のやりとりが行われる。

　すべてのデリバティブ取引が差金決済で行われるわけではありませんが，それが容易に可能な状態にあるという意味で大きな特徴となっています。

　なお，実際に取引総額の資金決済を行い，取引の対象となった商品を授受するという一般的なケースを**現物決済**といいます。

売買差額を決済して取引完了！＝差金決済

■例：株式の空売りの場合（§1-6の続き）

株価10,000円で、10,000株を空売り

取引額の授受なし！
（株式のレンタル料や委託証拠金を除く）

決済日の株価：9,000円　　決済日の株価：11,000円

1,000万円の大儲けだ！※1　　1,000万円の大損だ…※2

※1 （10,000－9,000）円×10,000株　　※2 （10,000－11,000）円×10,000株

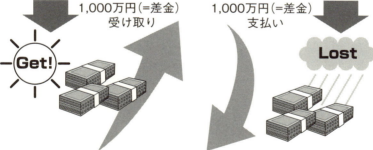

1,000万円（＝差金）受け取り　　1,000万円（＝差金）支払い

利益or損失（＝**差金**）の授受だけで取引完了！

差金決済は別名「純額決済」といいますが、「純額」の反対語は「総額」ですね。総額…ここでは10,000円の株式を10,000株売買するのに本来必要な1億円（＝10,000円×10,000株）を指し、この資金の動きが一切ないという点が純額決済の特徴です。

1-8 基礎商品のリスク①

価格が変動するリスク

　ここまでデリバティブの具体例や特徴をみてきましたが，では，なぜこのようなデリバティブというものが生まれたのでしょうか。それは，デリバティブの元となる金融取引（これ以降「**基礎商品**」とします）にはさまざまな「**リスク**」が存在するため，それを**回避**もしくはそれを利用した**投機**を行いたいというニーズがあるからです（§1-11参照）。「リスク」といっても，一般的な英語の訳に用いられる「危険」という意味ではなく，経済学上では，ある事象の変動に関する「**不確実性**」と定義されます。

　まず，代表的なものとして**価格が変動するリスク**があります。先に例として取り上げた金はもちろん，身近なものでは株式が挙げられます。

価格の変動リスク
【例】X1/3/31にA社株式を1株1,000円で購入
3か月後の株価は，上昇するか下落するか不確実＝リスクあり
　【可能性1】X1/6/30のA社株式　1株1,100円
　【可能性2】X1/6/30のA社株式　1株　900円

　株価は，世界情勢や経済環境，個社の業績など，さまざまな要因によって日々変動しており，将来の価格を正確に予測することはできません。そこで，この**リスクを回避**するために，将来の一定時期に一定価格で売買する権利の購入（オプション取引）が行われます。逆にこのリスクを利用した**投機**（例：株価が下落すると見込み，空売り（先物取引）を行う）も行われています。

1-9 基礎商品のリスク②

外国為替相場が変動するリスク

　次の代表的なリスクとして**外国為替相場が変動するリスク**をみていきましょう。朝晩のニュースで，1ドルいくらいくらと，キャスターが話をしているそばから刻々と変化していく為替相場を目にしたことはないでしょうか。もしくは，円高・円安といった言葉のほうが聞き慣れているでしょうか。1973年のオイルショック時には1ドル300円付近であった円も徐々に上昇し，リーマンショックを契機として2011年には70円台にまで突入しました。その後，2015年には1ドル120円台まで円安が進行したものの，2016年にはイギリスのEU離脱の国民投票結果を受け，一気に100円近くまで上昇するという現象も見られました。このように，為替相場は通貨の需給と金利差，政治情勢や自然災害等の影響を受け，日々変動しています。

> **為替相場の変動リスク**
> 　【例】X1/3/31のドル相場　　1ドル=100円
> **3か月後の為替相場は，上昇するか下落するか不確実＝リスクあり**
> 　【可能性1】X1/6/30のドル相場　　1ドル=110円
> 　【可能性2】X1/6/30のドル相場　　1ドル= 90円

　仮に100万ドル分の商品を輸入しようとする企業があったとすると，上記【可能性1】の場合，1億1,000万円（=110円×100万ドル）が必要であるのに対し，【可能性2】の場合は9,000万円（=90円×100万ドル）で済みます。企業としては，予測できない為替相場の影響で損益・収支計画が狂ってしまう**リスクを回避**したく，取引する為替相場を固定化する為替予約（先渡取引）を行うことが考えられます。

基礎商品には「為替相場が変動するリスク」あり！

■とある20年間の為替相場の動き（USD/JPY）

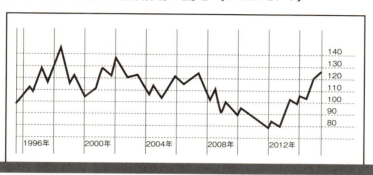

■とある20年間の為替相場の動き（EUR/JPY）

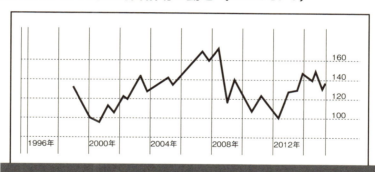

こんなに変動するなんて将来予測ができないよ！

→ 不確実＝リスクあり

1-10 基礎商品のリスク③

金利が変動するリスク

　最後に，代表的なリスクとして**金利が変動するリスク**を紹介します。身近な例として，金融機関での定期預金を考えてみましょう。10年前に預け入れたときは年1.0％ほど付いた利息も，今や0.1％しか付かない！という経験をした人はいませんか？　金利は，国内景気・物価・外国為替相場・海外金利・金融政策・株価等，さまざまな影響を受け，日々変動しています。この金利変動を定期的に反映させるため，一定期間ごとに適用金利が変更される「変動金利」による金銭の借入契約もよく耳にするのではないでしょうか。

金利の変動リスク　〜変動金利による借入〜
【例】X1/3/31に1億円を1年間借りた場合の金利　2.0％
6か月後の金利は，上昇するか下落するか不確実＝リスクあり
　【可能性1】X1/9/30の同条件での金利　2.2％（＝利息220万円）
　【可能性2】X1/9/30の同条件での金利　1.8％（＝利息180万円）

　上記のように，同じ金額を同じ期間借りたとしても，金利動向によって支払総額には大きな違いが生じてしまいます。
　そこで登場するのがデリバティブです。たとえば，今後の金利は低下すると予測して変動金利で借り入れたものの，予測に反して上昇してしまった際，それ以上利払い額が増加する**リスクを回避**するため，変動金利と固定金利を交換する金利スワップ取引を行うことが考えられます。

§1 デリバティブ取引とは？ 21

基礎商品には「金利が変動するリスク」あり！

借入金額　1億円
借入期間　2年
返済方法　期日一括返済
金利　　　6か月TIBOR※
金利条件　6か月ごとに見直し（変動金利）
　　※TIBORとは，"Tokyo Interbank Offered Rate"の略で，東京の銀行間取引金利のこと。全銀協TIBOR運営機関が毎営業日ごとに発表している。

6か月 TIBOR　2.0%　借入実行時

金利上昇要因　好景気　金融引き締め　日本銀行

金利下落要因　不景気　金融緩和　日本銀行

そして6か月後…

6か月 TIBOR　2.2%　利払額は220万円に！

6か月 TIBOR　1.8%　利払額は180万円に！

将来の金利変動は**不確実 ＝ リスクあり**

1−11 デリバティブの目的

リスクヘッジと投機目的

　一般的に，企業や投資家は，基礎商品の**リスクを回避**する，もしくはリスクを利用して**投機**を行う目的でデリバティブ取引を行います。

　ニーズと目的は厳密には違うものの，同じであることが多く，デリバティブも例外ではありません。§1−8で紹介した，デリバティブが生まれる要因となったニーズこそが，デリバティブの目的です。

> **デリバティブの目的**
> ■**リスク回避（リスクヘッジ）目的**：
> 　基礎商品たる金融商品のリスク（価格変動，為替変動，金利変動等）を回避することを目的とする。
> ■**投機目的**：
> 　基礎商品に含まれるリスクを利用し，利益を得ることを目的とする。
> 　投機目的の取引には，少額の投資をもとに多額の利益を得ることを目的とする**スペキュレーション（投機）取引**と，市場価値と比較して割高もしくは割安の商品を売買することで利益を得ることを目的とする**アービトラージ（裁定）取引**がある。

　リスクを回避したい人がいれば，そのリスクを引き受けてくれる人がいなければなりません。たとえば先渡取引により一定価格で基礎商品の購入予約を行った人がいる場合，購入者は価格変動**リスクを回避**することができますが，売却者は時価が下がれば得をしますし，上がれば損をします。つまり，売却者は購入者のリスクを引き受けているといえますし，そのリスクを利用して**投機**を行うことが可能です。このように，上記の2つの目的は正反対であると同時にセットであるともいえます。

COLUMN

世界初の公設商品先物市場は日本だった！

大阪（大坂）堂島米先物市場

　オプション，スワップ，リスクヘッジ，スペキュレーション……などなど，カタカナ言葉が多くて，デリバティブは外国から持ち込まれた近代的な金融技術だと感じていませんか？　しかし，実は日本におけるデリバティブ取引はなんと**江戸時代からすでに始まっていたのです！**

　江戸時代の日本では，いわゆる給料も米，年貢も米であったことから，人々はそれを換金して必要な物資を購入していました。米は食べ物である以上に重要な資産であったわけです。しかし，天候，天災により米の生産量は毎年大きく変動してしまい，生産量が変わればその取引価格も大きく変動してしまいます。米商人たちは思わぬ米相場の乱高下で大損することも少なくありませんでした。そこで考えたのが，米の売買価格を収穫前に決めてしまう「**帳合米取引**」です。事前に決めておけば，不測の事態が生じて大損することを回避できますよね。一方，米の値上がりや値下がりを見越して，事前に買い付けたり売り付けたりして，利鞘を狙う商人も現れました。……なんだか先渡取引・先物取引に似ていると思いませんか？　ここにデリバティブ取引の原型を見ることができるのです。

　その後，江戸幕府は，米市場を統制する目的で，享保15年（1730年）に大阪（大坂）堂島に米会所を設立し，帳合取引を公認しました。なんと，**公設の先物取引所としては世界初**だとか！

　デリバティブはそんな昔から日本に存在していたようです。どうでしょう。少し親近感がわいてきたのではないでしょうか？？

§2 デリバティブに会計基準が定められる理由

デリバティブ取引の会計処理は，金融商品会計基準ほか多数の会計基準で，詳細に決められています。
なぜこと細かな会計処理が必要なのか，また，どのような考え方に基づくのかを考えてみましょう。

2-1 デリバティブに関する会計基準

デリバティブの会計処理は，金融商品会計基準に従う

　デリバティブの会計処理は，企業会計基準第10号「**金融商品に関する会計基準**」（以下，金融商品会計基準といいます）をはじめ，下記のような会計基準等に従います。

■デリバティブに関する会計基準等
・金融商品会計基準
・会計制度委員会報告第14号「金融商品会計に関する実務指針」
・「金融商品会計に関するQ&A」
・企業会計基準適用指針第12号「その他の複合金融商品（払込資本を増加させる可能性のある部分を含まない複合金融商品）に関する会計処理」
・企業会計基準適用指針第17号「払込資本を増加させる可能性のある部分を含む複合金融商品に関する会計処理」
・外貨建取引等会計処理基準
・会計制度委員会報告第4号「外貨建取引等の会計処理に関する実務指針」

　金融商品会計基準では，デリバティブは，原則として**決算日に時価評価をし，当期の損益に反映**します。一方，ある一定の要件を満たせば，例外的に，時価評価による評価差額を当期の損益に反映しない方法や時価評価をしない方法も認められています。例外的な方法は「ヘッジ会計」といい，§3で詳しく解説します。

§2 デリバティブに会計基準が定められる理由　27

デリバティブに関する会計基準

企業会計基準第10号
「金融商品に関する会計基準」

- 金融資産　ex.有価証券
- 金融負債　ex.借入金
- デリバティブ

デリバティブの会計処理は，他の金融商品と同じで「金融商品会計基準」に載ってるんだね。

2-2 取得原価主義で会計処理すると？

取得原価主義＝決済する時に初めて損益を認識

　デリバティブは原則，決算日に時価評価をし，当期の損益に反映します。つまり，デリバティブの会計処理は**時価主義**によるのです。

　なぜ時価主義で会計処理をする必要があるのでしょうか。仮に取得原価主義で会計処理した場合を考えてみましょう。デリバティブの特徴として，契約締結から決済まで現物の授受がなく，現金の受渡しも必要がない取引が多く見受けられます。この場合，以下のような会計処理になります。

■取得原価主義の場合のデリバティブの会計処理

時点	会計処理
契約日	契約を締結しただけで資産取得に係る支出がないため，**会計処理はなされず，貸借対照表計上額はゼロとなる。**
決算日	**含み益や含み損が生じても反映されない。**その結果，貸借対照表計上額はゼロのままである。
決済日	簿価がゼロのため，**受払額全額**が決済時の損益として計上される。

　このように取得原価主義の場合，決済時に初めて損益を認識することになるのです。

> 🔑 **Key Word　取得原価主義**
> 　キャッシュの受払金額に基づいて評価する会計処理方法を、取得原価主義といいます。含み益や含み損を反映させる時価主義とは異なる考え方です。

デリバティブ取引を取得原価主義で会計処理すると？

■前提条件

① 契約日：X1年11月末
② 契約内容：A社はX2年1月末にB社株式1株を1,000円で購入し，その時の株価ですぐに売却する。現金の受払は，差金決済（§1－7参照）による。
③ B社株価の変動は以下のとおり
　X1年11月末：1,000円，12月末（A社決算日）：900円，X2年1月末：600円

契約日
X1年11月末 ── 契約に際し支出がないので，資産の計上なし

仕訳なし

決算日
X1年12月末 ── 貨幣的裏付けのない評価損益は計上しない

仕訳なし

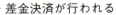

決済日
X2年1月末 ── 差金決済が行われる
※決済日株価（600円）と約定額（1,000円）の差額400円を支払う

(借)先物取引損失	400
(貸)現金預金	400

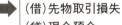

2-3 損益をタイムリーに反映させるには？

取得原価主義よりも時価主義

　デリバティブは，レバレッジ効果（§1-6参照）によって，**損益が大きくなる**可能性があります。一方，デリバティブの特徴として，契約締結から決済まで現物の授受がなく，現金の受渡しも必要ない取引が多く見受けられます。つまり，契約締結から決済までの間，デリバティブの時価が変動し，含み損益が多額になっている場合も，現金の動きには表れないのです。

　取得原価主義で会計処理をする場合，現金が動く決済時に初めて損益が認識されます。仮に大きな含み損が発生していたとしても，決済前の決算に損失が反映されず，決済時に突然大きな損失が計上される可能性もあります。また，意図的に決済の時期を決算日前後にズラすことによって，利益操作も可能です。このように取得原価主義では，デリバティブによる損益を財務諸表にタイムリーに反映させることができないため，財務諸表を利用する投資家や債権者等に不利益が及ぶおそれがあります。

　そこで，**デリバティブの時価をタイムリーに財務諸表に反映し，財務諸表利用者に適切な情報を提供する**ために，「原則として，決算日にデリバティブを時価評価して，評価差額を当期の損益に計上する」という会計基準が定められたのです。

§2 デリバティブに会計基準が定められる理由　31

取得原価主義のデメリットと打開策は？

現金と時価の変動（29ページの前提の場合）

■ 現金の動き　—●— 時価の動き

時価、現金の動き

契約日　　決算日　　決済日

含み損
▲100円
（900－1,000）

▲400円
（600－1,000）

取得原価主義の場合
➡評価損益は計上しない。仕訳なし。
➡含み損（▲100）が財務諸表に反映されない。

「業績に問題はなさそうだ。」

含み損を財務諸表に反映するには？
➡決算日にデリバティブを時価評価し，損益に反映する。

「デリバティブで損失が出てる！」

2-4 デリバティブの原則的な会計処理

決算日に時価で評価して当期の損益に反映させる

　デリバティブの原則的な会計処理は、時価評価です。契約日から決済日までの会計処理は、以下のようになります。

■原則的なデリバティブの会計処理（時価主義）

時点	会計処理
契約日	通常、契約時点では時価がゼロなので、会計処理をしない。
決算日	時価評価をして、評価差額を**損益として計上**する。
決済日	**決済時の受払額と簿価との差額を損益計上する。**

　契約時点においては、一般的にデリバティブの時価はゼロです。したがって、契約日には会計処理がなされません。決算日には、デリバティブを時価評価（§4参照）し、評価差額を損益に計上します。決済日においては、直近の決算日から決済日までの時価の変動を、損益に計上します。

　なお、**オプション取引**（§6参照）におけるオプション料のように、**契約時に金銭の受払いがある場合**には、当該受払額を**オプション資産として資産計上**した上で、決済時に当該金額を損益に含めます。

■オプション取引の会計処理の例（決算日をまたがない場合）

契約日	（借）オプション資産	50	（貸）現金預金	50
決済日	（借）現金預金	120	（貸）オプション資産 オプション利益	50 70

§2 デリバティブに会計基準が定められる理由   33

デリバティブを時価主義で会計処理すると？

■前提条件は29頁と同じ

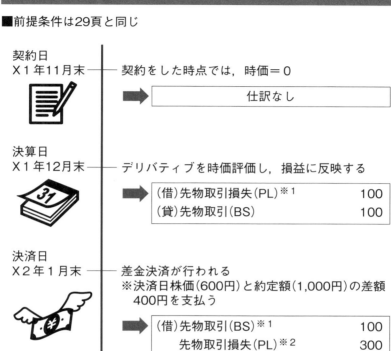

契約日
X1年11月末 ── 契約をした時点では、時価＝0
　　　　　　　　⇒ 仕訳なし

決算日
X1年12月末 ── デリバティブを時価評価し、損益に反映する
　　　　　　　　⇒ （借）先物取引損失(PL)※1　　100
　　　　　　　　　（貸）先物取引(BS)　　　　　100

決済日
X2年1月末 ── 差金決済が行われる
　　　　　　　※決済日株価(600円)と約定額(1,000円)の差額
　　　　　　　　400円を支払う
　　　　　　　　⇒ （借）先物取引(BS)※1　　　　100
　　　　　　　　　　　先物取引損失(PL)※2　　300
　　　　　　　　　（貸）現金預金※3　　　　　　400

※1　約定価格1,000円－決算日株価900円
※2　直近の決算日株価900円－決済日株価600円
※3　約定価格1,000円－決済日株価600円

デリバティブのリスク管理

　デリバティブは少額の投資で多額の損益を発生させます。もし企業がデリバティブのリスクを認識せず，好き勝手に行った場合，企業にとって重大な結果をもたらす可能性があります。したがって，デリバティブのリスクを適切に管理し，運用していくことが非常に重要です。

　たとえば下記のような，デリバティブの運用方針・手続の整備および内部統制の構築が求められます。

【デリバティブの仕組みを理解しているか】

　デリバティブの性質を理解し，商品に含まれるリスクを認識することが必要です。

【どのような目的でデリバティブを行うのか】

　ヘッジ目的でデリバティブを行うのであれば，ヘッジの手段となるデリバティブにより，ヘッジの対象となる金融商品に係るリスクを適切にヘッジすることができるかどうかを検討する必要があります。特にヘッジ会計（§3参照）を適用する場合には，より厳格な要件が求められます。

【デリバティブの承認プロセスは適切か】

　デリバティブがどのような手続を経て承認されるのか，また管理責任の所在を明確にする必要があります。

【デリバティブによる損益を，日々把握できているか】

　デリバティブの損益は，日々変動します。したがって，現状の価値を把握しておく必要があります。

§3 ヘッジ会計とは

保有している資産や負債，将来の予定取引のリスクに備えて，これを抑える目的で実施する取引を「ヘッジ取引」といいます。
ヘッジ取引は，一定の条件を満たす場合，「ヘッジ会計」という特殊な会計処理をすることができます。
どういった条件が必要か，またどんな会計処理があるのか見てみましょう。

3-1 ヘッジ取引とは

ヘッジ取引はリスク管理のための強い味方

　「ヘッジ（Hedge）」とは，「損失や危険などに対する防止策」という意味であり，**ヘッジ取引**とは，保有している資産・負債や将来予定する取引が価格変動によって損失を被るリスクがある場合，この**リスクを抑制する目的で実施する取引**のことをいいます。

　たとえば，株式を保有しているA社が，今後，株価の下落を予想していたとします。ここで，株価の下落による損失を避けたいA社としては，株式を売却するという方法をとることもできますが，株式を売却せずに同一銘柄を信用売り（空売り）するという選択肢をとることもできます。すなわち，「保有している株式に発生する価値の下落」を「信用売りによる利益」でカバーしようとする取引です。保有する株式の時価が下落すれば現物株式の価値は当然下落しますが，同一銘柄を信用売りしておけば，そこからは利益が生じるからです。

　このように，ヘッジ取引を行うことにより，A社は，保有している株式の価格変動によって損失を被るリスクを回避・抑制することができるのです。

ヘッジ取引によりリスクを軽減できる

■設例
・現在の株価は，10,000円である。
・A社は，1か月後の株価は7,000円になると予想している。
・1か月後，実際に株価は7,000円に下落した。

3-2 ヘッジ対象とヘッジ手段とは

ヘッジ対象とヘッジ手段は値動きが逆

　ヘッジ取引において，ターゲット（リスクを有している資産・負債・予定取引等）となるものを**ヘッジ対象**，リスクを抑制するための手段として用いるものを**ヘッジ手段**といいます。§3-1の例でいえば，現物株式がヘッジ対象であり，先物取引がヘッジ手段となります。

　ヘッジ手段がヘッジ対象の価格変動リスクを抑制するためには，ヘッジ手段がヘッジ対象と逆の値動きを示している必要があります。§3-1の設例のように，ヘッジ対象である現物株式からは3,000円の損失が生じており，ヘッジ手段である先物取引の信用売りポジションからは3,000円の利益が生じているといった関係です。値動きの関係を図で表すと，右頁のようになります。

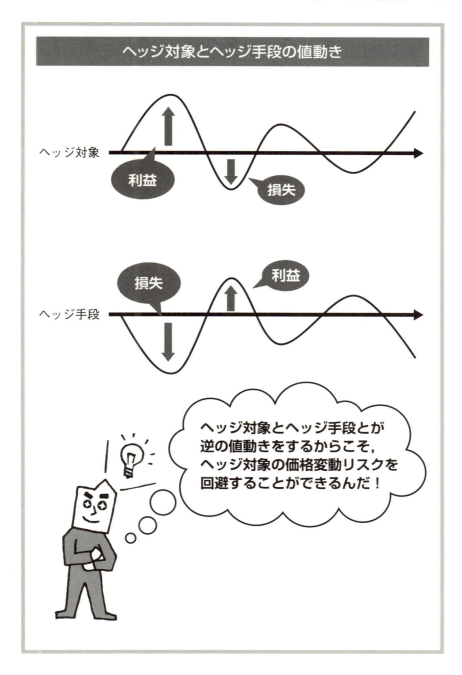

3-3 ヘッジ取引の種類①

相場変動を相殺するヘッジ

　取引の目的に着目すると，ヘッジ取引は大きく2つに分けることができます。

> ①　ヘッジ対象に係る**相場変動を相殺**することにより，損失の可能性を減殺することを目的とするヘッジ取引（**公正価値ヘッジ**）
> ②　ヘッジ対象に係る**キャッシュ・フローを固定**することにより，キャッシュ・フロー変動の可能性を減殺することを目的とするヘッジ取引（**キャッシュ・フロー・ヘッジ**）

　まず，**公正価値ヘッジ**について，どのような場合に行われるか考えてみましょう。

　いま，A社が原油を保有しているとします。原油の市場価格が変動すると，保有している原油の価値も変動してしまいます。具体的には，原油の市場価格が上昇すると，保有している原油の価値は上昇し，逆に，原油の市場価格が下落すると，その価値は下落します。

　現行の会計基準では，原油は通常，時価評価の対象ではなく，会計上の評価損益を計上することはありません。しかし，原油を第三者に売却する際，売却額は時価をベースで算出され売却損益が計上されることから，A社としては相場変動を回避したいというインセンティブが働くわけです。そこで，先物取引により原油の信用売り契約を締結します。これにより，保有する原油の相場変動と先物取引の相場変動が相殺され，実質的にA社は時価変動リスクを回避できることになります。

§3 ヘッジ会計とは 41

ヘッジにより相場変動による価値の下落を回避する

■設例
- A社の保有している原油の現在の価値は100である。
- 相場変動リスクを回避するため,空売りを行った。
- (ケース1) 1年後,原油の価値が115に上昇した。
- (ケース2) 1年後,原油の価値が85に下落した。

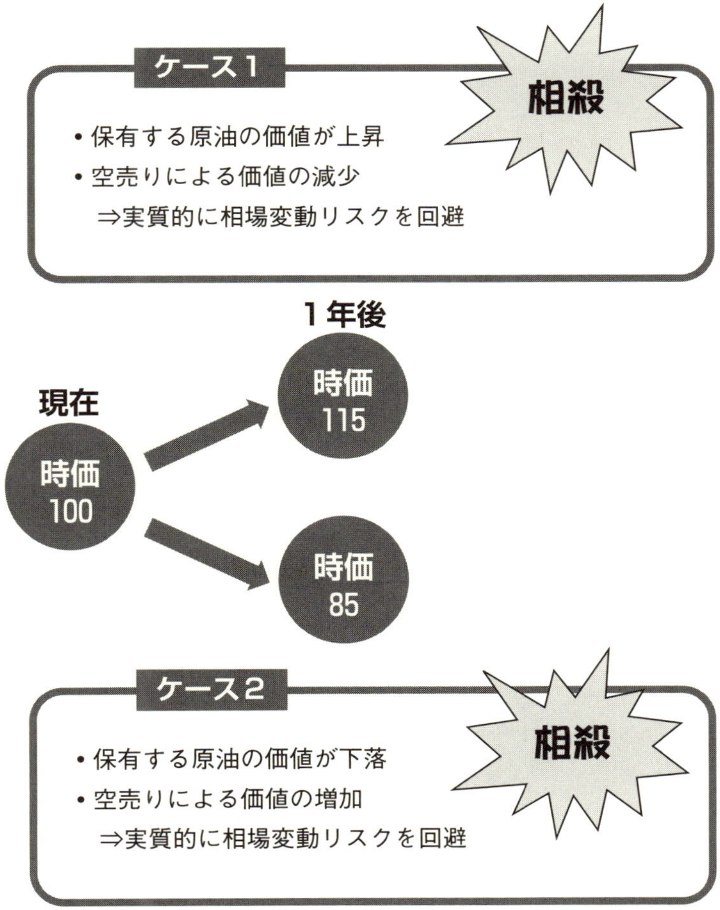

ケース1
- 保有する原油の価値が上昇
- 空売りによる価値の減少
    ⇒実質的に相場変動リスクを回避

相殺

現在　時価100　→　1年後　時価115
　　　　　　　　→　　　　　時価85

ケース2
- 保有する原油の価値が下落
- 空売りによる価値の増加
    ⇒実質的に相場変動リスクを回避

相殺

3-4 ヘッジ取引の種類②

キャッシュ・フローを固定する

　次にキャッシュ・フロー・ヘッジが行われるのはどのような場合か考えてみましょう。

　いま，A社がB銀行から，変動金利で資金を借り入れているとします。このため，市場金利が変動すると，将来支払う利息額が変動してしまいます。当然ですが，市場金利が上昇すれば将来支払う利息は増加し，市場金利が低下すれば将来支払う利息は減少することになり，いずれにしてもキャッシュ・フローは未確定な状況となります。

　この場合，A社としては，利息の支払額が変動するリスクをヘッジしたいというインセンティブが働きます。そこで，新たにB銀行との間で，変動利息を受け取り，固定利息を支払うスワップ契約を締結します。

　これにより，「借入金の変動利息」と「スワップ契約で受け取る変動利息」が相殺され，「スワップ契約による固定利息の支払い」だけが残ることになります。

　この結果，A社にとっては事実上，固定金利での借入金となり，キャッシュ・フローの変動リスクを回避したことになります。

　このほか，外貨建買掛金や売掛金（予定取引を含む），変動金利の貸付金や債券等も，将来のキャッシュ・フロー・リスクを有しており，キャッシュ・フロー・ヘッジの対象となり得ます。

ヘッジによりキャッシュ・フローを固定する

■設例
- A社はB銀行から，変動金利で資金を借り入れた。
- A社はB銀行との間で，固定金利支払・変動金利受取のヘッジ取引を締結した。

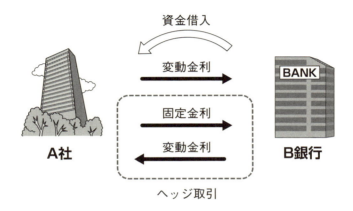

市場金利が変動した場合

- A社がB銀行に支払う利息が変動する。
- ただし，ヘッジ取引をしておけば，B銀行に支払う変動利息とB銀行から受け取る変動利息が相殺され，固定金利の支払いのみが残ることから，キャッシュ・フローの変動を回避することができる。

3-5 ヘッジ会計のニーズ
ヘッジの効果を会計に反映させる

　ヘッジ会計とは，ヘッジ対象とヘッジ手段との損益認識時点が一致しない場合に，両者を一致させるための会計処理をいいます。

　なぜ，ヘッジ会計を行うニーズがあるのでしょうか。それは，ヘッジ会計を適用しないと，ヘッジ取引の効果を会計処理に反映させることができないからです。具体的に，右頁の例を使って解説しましょう。

　X1年3月期末において，商品（金やプラチナ等）は取得原価で評価される一方で，商品先物取引はデリバティブ取引であることから時価評価され，損益計算書に30の利益が計上されます。

　しかし，A社としては，商品価値の下落を回避するためにヘッジ取引を行ったのであり，ヘッジ対象である商品の売却前のX1年3月期においてヘッジ手段に係る30の利益を計上することはA社の意図とは異なるはずです。そこで，X1年3月期には利益を計上せず，商品を売却するX2年3月期まで利益を繰り延べるというヘッジ会計を適用することで，ヘッジ対象の商品とヘッジ手段の商品先物取引の損益計上タイミングを合わせることができ，取引を行った意図を会計に反映させることができるのです。

　このような機能を持つヘッジ会計には2つの方法があります。1つは，時価評価によって生じたヘッジ手段の損益を発生時に認識せず，ヘッジ対象の損益が認識されるまで繰り延べる方法（**繰延ヘッジ**），もう1つは，ヘッジ対象に係る相場変動等を損益に反映させ，ヘッジ手段の損益計上のタイミングと合わせる方法（**時価ヘッジ**）です。

損益認識時点を合わせるニーズがある

■設例
- A社は，X1年3月1日に，商品（ヘッジ対象）を80で購入した。
- 商品価値の下落リスクを回避するため，対応する商品先物をX1年3月15日に100で売り予約（ヘッジ手段）した。
- X1年3月31日の商品の時価は70であった。
- X1年4月15日に商品を60で売却し，商品先物も決済した。
- ヘッジ対象およびヘッジ手段の価値の変動は以下のとおりとする。

取引種類	X1年3月31日	X1年4月15日
ヘッジ対象の（含み）損益	△10	△20
ヘッジ手段の（含み）損益	30	40
合計	20	20

ヘッジ会計を適用しない場合

損益計算書	X1年3月31日	X1年4月15日
損益計上額		
ヘッジ対象	0	△20
ヘッジ手段	30	10
合計	30	△10

ヘッジ会計（繰延ヘッジ）を適用した場合

損益計算書	X1年3月31日	X1年4月15日
損益計上額		
ヘッジ対象	0	△20
ヘッジ手段	(※)0	40
合計	0	20

（※）繰延ヘッジを適用していることにより損益30を計上せず，翌期に繰延

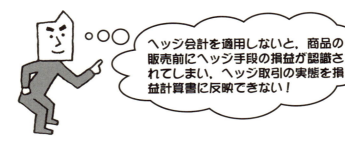

ヘッジ会計を適用しないと，商品の販売前にヘッジ手段の損益が認識されてしまい，ヘッジ取引の実態を損益計算書に反映できない！

3-6 ヘッジ会計の方法①／繰延ヘッジ

ヘッジ会計の原則的処理は繰延ヘッジ

　ヘッジ会計の方法である繰延ヘッジと時価ヘッジのうち，金融商品会計基準では，繰延ヘッジをヘッジ会計の原則的方法と位置付けています。

　繰延ヘッジで処理する場合も，ヘッジ会計を用いない場合と同様に，ヘッジ手段を時価評価します。ただし，相手科目は損益計算書に計上される「デリバティブ損益」ではなく，貸借対照表の純資産項目である「繰延ヘッジ利益（または損失）」です。これにより，ヘッジ手段に係る損益を発生時に認識せず，ヘッジ対象の損益が認識されるまで繰り延べることができるのです。

　なお「繰延ヘッジ利益（または損失）」を計上する際には，税効果会計を適用しなければなりません。なぜなら，会計上はヘッジ手段であるデリバティブの時価評価による評価差額が純資産に計上されているのに対し，税務上は時価評価による損益は課税所得に算入されないため，両者の間に差異が生じているからです。このため，繰延ヘッジ損益の全額が純資産に計上されるのではなく，繰延ヘッジ損益の総額から，これに係る繰延税金資産（または負債）を控除した額が計上されることになります。

> **Key Word　税効果会計**
> 「会計の利益」と「税務の所得」には期間的なズレがあります（例：賞与引当金の損金算入時期）。こうした期間的なズレを調整し，税引前利益と法人税等を対応させる手続きを税効果会計といいます。

繰延ヘッジによりヘッジ手段の時価評価差額を繰り延べる

■設例

- ヘッジ対象であるその他有価証券（国債）およびヘッジ手段である国債先物の売建取引の時価が以下のように変動した。
- ヘッジ会計の要件は満たしている。
- 税効果会計は，便宜上考慮しない。

	購入時	決算時	売却時
国債	15,000	13,000	12,000
国債先物	11,000	13,000	14,000

【購入時】

ヘッジ対象	（借）その他有価証券　15,000　（貸）現金預金　15,000
ヘッジ手段	仕訳なし

【決算時】

ヘッジ対象	（借）その他有価証券評価差額金　2,000　（貸）その他有価証券　2,000
ヘッジ手段	（借）国債先物　2,000　（貸）繰延ヘッジ損益　2,000

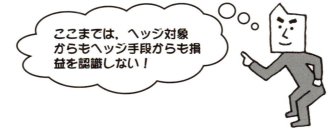

ここまでは，ヘッジ対象からもヘッジ手段からも損益を認識しない！

【翌期首】

ヘッジ対象	（借）その他有価証券　2,000　（貸）その他有価証券評価差額金　2,000
ヘッジ手段	（借）繰延ヘッジ損益　2,000　（貸）国債先物　2,000

【売却時】

ヘッジ対象	（借）現金預金　12,000　（貸）その他有価証券　15,000 　　　投資有価証券売却損　3,000
ヘッジ手段	（借）現金預金　3,000　（貸）先物損益　3,000

3-7 ヘッジ会計の方法②／時価ヘッジ

時価ヘッジは例外的な処理方法

　ヘッジ会計のもう1つの方法は，時価ヘッジです。時価ヘッジとは，ヘッジ対象の相場変動等を損益に反映させることにより，その損益とヘッジ手段に係る損益とを同一の会計期間に認識する方法です。

　時価ヘッジを行うには，ヘッジ対象の時価を貸借対照表価額とすることが認められるものに限定されます。このため，時価ヘッジの処理が認められるヘッジ対象は，その他有価証券のみとなります。

　ヘッジ会計を適用しない場合，その他有価証券は期末に時価評価され，評価差額はその他有価証券評価差額金として純資産の部に直接計上されるため，当期の損益に計上されません。一方，リスク回避目的のデリバティブの評価差額は当期の損益に計上されることから，両者の損益計上タイミングがずれることになります。

　時価ヘッジを適用する場合は，その他有価証券の評価差額をその他有価証券評価差額金とするのではなく，当期の損益とします。これにより，「ヘッジ手段であるデリバティブに係る損益」と，「ヘッジ対象であるその他有価証券に係る損益」が同一会計期間に認識される，すなわち，ヘッジ取引の実態を会計に反映させることができるのです。

時価ヘッジによりヘッジ対象の損益を認識する

■設例

- ヘッジ対象であるその他有価証券（国債）およびヘッジ手段である国債先物の売建取引の時価が以下のように変動した。
- ヘッジ会計の要件は満たしている。
- 税効果会計は適用しない。

	購入時	決算時	売却時
国債	15,000	13,000	12,000
国債先物	11,000	13,000	14,000

【購入時】

ヘッジ対象	（借）その他有価証券　15,000　（貸）現金預金　15,000
ヘッジ手段	仕訳なし

【決算時】

ヘッジ対象	（借）投資有価証券評価損益　2,000　（貸）その他有価証券　2,000
ヘッジ手段	（借）国債先物　2,000　（貸）先物損益　2,000

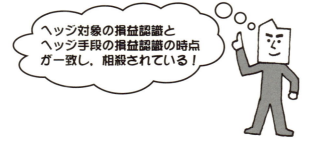

ヘッジ対象の損益認識とヘッジ手段の損益認識の時点が一致し，相殺されている！

【翌期首】

ヘッジ対象	（借）その他有価証券　2,000　（貸）投資有価証券評価損益　2,000
ヘッジ手段	（借）先物損益　2,000　（貸）国債先物　2,000

【売却時】

ヘッジ対象	（借）現金預金　12,000　（貸）その他有価証券　15,000 　　　　投資有価証券売却損　3,000
ヘッジ手段	（借）現金預金　3,000　（貸）先物損益　3,000

3-8 ヘッジ会計の方法③

振当処理・特例処理

　ヘッジ会計として，繰延ヘッジと時価ヘッジによる方法を紹介してきました。現行の会計基準で，このほかに，いくつかの例外的な方法が認められています。その代表的なものが**振当処理**と**金利スワップ**の**特例処理**です。

■振当処理

会計処理	① 外貨建金銭債権債務等を，為替予約等で固定されたキャッシュ・フロー額で換算する。 ② 為替予約等の契約締結日における①の換算額と直物為替相場による換算額との差額を，契約締結日から外貨建金銭債権債務の決済日までの期間にわたり配分する。
適用要件	・為替予約等のヘッジ手段を用いて，決済時における円貨額を確定させている。 ・ヘッジ会計の要件を満たす。

■金利スワップの特例処理

会計処理	金利スワップを時価評価せず，金利スワップに係る金銭の受払の純額等をヘッジ対象たる資産または負債に係る利息に加減して処理する方法。
適用要件	・金利スワップをヘッジ手段とする。 ・ヘッジ会計の要件に加え，§7-6の要件をすべて満たす。

ヘッジ会計の例外処理も認められている

デリバティブの原則的処理方法
期末においてデリバティブの時価評価を行い，評価差額を当期の損益とする

ヘッジ会計

> ヘッジ会計のニーズがあり，要件を満たした場合には，適用することができる

- **繰延ヘッジ（原則）**
  時価評価によって生じたヘッジ手段の損益を発生時に認識せず，ヘッジ対象の損益が認識されるまで繰り延べる方法

- **時価ヘッジ**
  本来は，時価評価差額を損益計上しないヘッジ対象に係る相場変動等を損益に反映させる方法

- **振当処理**
  為替予約等により固定されたキャッシュ・フローの円貨額により外貨建金銭債権債務等を換算する方法

- **金利スワップ特例処理**
  期末において金利スワップの時価評価を行わず，金利スワップも含めた金銭の受払の純額を利息として処理する方法

3-9 ヘッジ会計の適用要件① 事前テスト

事前要件はリスク管理方針への準拠性

　ヘッジ会計は原則的な会計処理とは異なる処理であるため，適用には，いくつかの要件を満たさなければなりません。取引開始前の要件チェックを**事前テスト**，取引開始後の要件チェックを**事後テスト**といいます。

　まず，事前テストですが，①取引時において，ヘッジ取引が企業のリスク管理方針に従ったものであることが正式な文書によって明確にされているか，または，②企業のリスク管理方針に関する明確な内部規定や内部統制組織に従った処理が期待されることが要件となります。

　これは，ヘッジ取引として事前に定めていない場合は，内容がヘッジ取引であったとしても，ヘッジ会計を適用することはできないことを意味しています。事後的にヘッジ取引とすることもできません。事後的に適用・非適用を選択できると，利益操作が可能だからです。

　なお，①は企業が比較的単純な形でヘッジ取引を行っているケースを，②は企業が多数のヘッジ取引を行っており，個別のヘッジ取引とリスク管理方針との関係を具体的に文書化することが困難なケースを想定した要件となっています。

　ここでいうリスク管理方針とは，管理の対象とするリスクの種類と内容・ヘッジ方針・ヘッジ手段の有効性の検証方法等を意味しており，企業の環境変化等に対応して見直しを行う必要があります。

ヘッジ会計は事前の指定が必要！

事前テスト

①取引が企業のリスク管理方針に従ったものであることが，文書により確認できること
または
②企業のリスク管理方針に関して明確な内部規定および内部統制組織が存在し，当該取引がこれに従って処理されることが期待されること

✕ 取引後，要件を満たすようになったから，ヘッジ会計を適用しよう！

◯ 取引前からヘッジ取引として文書化しておいたから，ヘッジ会計を適用できる！

3-10 ヘッジ会計の適用要件② 事後テスト

事後要件は相関性の検証

　ヘッジ会計を適用するための事後要件は，ヘッジ手段の効果が上がっているか，すなわち，ヘッジ対象とヘッジ手段の変動状況（相場，または，キャッシュ・フロー）に高い相関関係があることです。確認頻度は，決算日には必ず，また，少なくとも6か月に1回程度が求められます。

　相関関係があるかどうかの判断基準は，ヘッジ開始時から有効性判定時点までの期間において，「ヘッジ対象の相場変動またはキャッシュ・フロー変動累計」と「ヘッジ手段の相場変動またはキャッシュ・フロー変動累計」の比率がおおむね80～125％までの範囲内に収まっていることとされています。

　なお，有効性の評価にあたっては，文書化されたリスク管理方針・管理方法と整合性が保たれていなければならないことに留意が必要です。

(例) 原油を原油先物の売建取引でヘッジする場合

	取引開始時	期末日	変動額
原油（時価）	100	103	3.0
原油先物（時価）	100	97.5	2.5
ヘッジ対象（原油）の相場変動累計額			3.0
ヘッジ手段（原油先物）の相場変動累計額			2.5

ヘッジ対象とヘッジ手段の相場変動累計額の比率　2.5／3.0 = 83％

　このヘッジ取引は，ヘッジ開始時から期末日までの相場変動累計額の比率が83％（80～125％の範囲内）であり，期末日時点でヘッジ関係は有効と判定されます。

ヘッジ会計は事後の検証が必要！

事後テスト

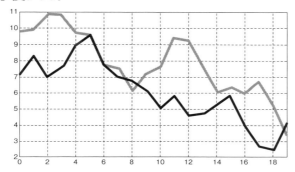

ヘッジ開始時から有効性判定時点までの期間において，ヘッジ対象とヘッジ手段の相場変動またはキャッシュ・フローの変動の累計を比較し，両者の変動額の比率が概ね80％から125％までの範囲内に収まっていなければならない。

事後的に，ヘッジの有効性が失われたと判断された場合には，ヘッジ会計を中止しなければならないんだ！

COLUMN

個別ヘッジと包括ヘッジ

複数の資産・負債をまとめてヘッジすることも可能！

　シンプルな取引であれば，ヘッジ対象となる1つの資産や負債に対して1つの取引をヘッジ手段として利用しますが（個別ヘッジ），場合によっては，複数の資産や負債に対して1つの取引をヘッジ手段として利用したいケース，利用せざるを得ないケースがあります（包括ヘッジ）。例えば，ヘッジ手段の最低取引単位がヘッジ対象の取引単位より大きい場合や，複数のヘッジ対象をまとめてヘッジした方が取引コストや信用リスク軽減効果の点で有利な場合です。

　このような場合であってもヘッジ会計を適用することはできますが，§3−9と§3−10で説明した事前テストと事後テストによって，一定の要件を満たしていることを確認する必要性は変わりません。

　なお，事後テストの要件は，ヘッジ手段の効果が上がっていること，すなわち，ヘッジ対象とヘッジ手段の変動状況に高い相関関係があることでしたが，包括ヘッジの場合には，ヘッジ対象である個々の資産・負債のリスク要因（金利リスク，為替リスク等）が共通しており，かつ，リスクに対する反応が同一グループ内の個々の資産または負債との間でほぼ一様でなければなりません。このため，複数銘柄による株式ポートフォリオの時価変動を株価指数先物取引などでヘッジしようとする場合は，包括ヘッジとはいえないと解釈するのが一般的です。なぜなら，個々の銘柄の株価が株価指数先物価格と同様に反応するとはいえないからです。

§4
デリバティブの時価と測定の考え方

デリバティブは，時価で評価されます。では，"時価"とは何なのでしょうか。§4では，時価の意味と測定方法について考えてみます。

*§4は，2019年7月4日に公表された時価の算定に関する会計基準（企業会計基準第30号）及び時価の算定に関する会計基準の適用指針（企業会計基準適用指針第31号）（以下，「時価算定基準」という）に基づいています。当該基準等は2021年4月1日以後開始する連結会計年度及び事業年度の期首から適用されます。また，2020年3月31日以後終了する連結会計年度等の早期適用が認められています。

4-1 時価の考え方

時価の定義における市場参加者とは？

　デリバティブは、原則として決算日に時価評価をし、その期の損益に反映します。**時価**は、算定日において**市場参加者**間で**秩序ある取引**が行われると想定した場合の、資産の売却によって受け取る価格または負債の移転のために支払う価格（出口価格）と定義されます。

　ここで市場参加者とは、互いに独立する、知識を有し対象商品につき十分理解する、取引を行う能力がある、他から強制されるわけではなく自主的に取引を行う意思がある、といった要件をすべて満たす買手および売手をいいます。

　仮に市場で成立した価格であっても、取引の当事者が金融資産の内容、構造、仕組み、固有のリスクおよびリターンの特性などの必要な知識を持っていなかった場合には、適切ではない価格を受け入れて取引をする可能性があります。このような場合に成立した価格は時価とは言えません。

　また、不利な条件で引き受けざるを得ない、あるいは他から強制されるといった状況下にあり、自らの経済的合理性に基づく判断で取引を行える状況にない場合で成立した価格も、時価とはいえません。たとえば、ただちに資金調達しないと倒産するような会社が、資産を売却するときは、取引相手に買いたたかれて不当に低い価格になるかもしれません。

　秩序ある取引とは、資産または負債の取引に関して通常かつ慣習的な市場における活動ができるように、時価の算定日以前の一定期間において市場にさらされていることを前提とした取引をいいます。

時価の考え方！

時価の定義における市場参加者の要件
　①互いに独立しており，関連当事者ではない
　②知識を有しており，対象資産または負債について十分に理解する
　③取引を行う能力がある
　④他から強制されるわけではなく，自発的に取引を行う意思がある

・知識を有しており，その資産または負債について十分に理解する

⇒取引の当事者が必要な知識を持っていない場合，その取引価格は時価とはいえません。

・他から強制されるわけではなく，自発的に取引を行う意思がある

⇒不利な条件で引き受けざるを得ない場合などの取引価格は時価とはいえません。

4-2 時価の算定方法

評価技法とインプット

　時価の算定にあたっては，状況に応じて，十分なデータが利用できる評価技法を用います。**評価技法**には，たとえば，市場取引による価格等を用いるマーケット・アプローチ，将来キャッシュ・フロー等を割引現在価値で示すインカム・アプローチ，資産の用役能力を再調達するために現在必要な金額に基づくコスト・アプローチなどがあります。

　評価技法を用いるにあたっては，関連性のある観察可能なインプットを最大限利用し，観察できないインプットの利用を最小限にします。**インプット**とは，時価を算定する際に用いる仮定をいい，調整せずに時価として用いる相場価格も含まれます。インプットには，入手できる観察可能な市場データに基づくか否かで，「観察可能なインプット」と「観察できないインプット」とがあり，以下のようにレベル分けされています。

レベル1のインプット	時価の算定日において，企業が入手できる活発な市場における相場価格（調整前）
レベル2のインプット	直接または間接的に観察可能なインプットで，レベル1のインプット以外のもの
レベル3のインプット	観察できないインプット

　なお，時価を算定する資産または負債に買気配及び売気配がある場合，その資産または負債の状況を考慮し，買気配と売気配の間の適切な価格をインプットとして用いる場合があります。

気配値とは!?

■気配値とは，売手がその価格で売りたいと提示している価格のうち最も低いもの（売気配），または買い手がその価格で買いたいと提示している価格のうち最も高いもの（買気配）である。

■実際の市場では，下記のように売気配，買気配の価格が示されている。

売り (数量)	気配値 (円)	買い (数量)
350	505	
500	504	
	503	
800	502	
1200	501	
1000	500	
	499	1500
	498	1200
	497	900
	496	
	495	400
	494	500
	493	100
	492	

買いたいと提示している価格のうち最も高いものが買気配

買いたい数量が買いたい価格のところに示されています。

この場合の買気配は499円，売気配は500円だ！

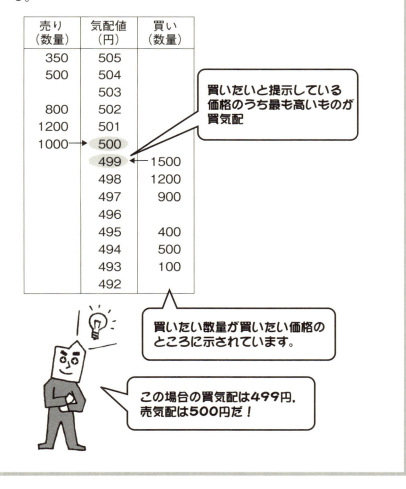

4-3 デリバティブが取引される市場

取引所取引と取引所以外の市場における取引

　デリバティブの取引には，取引所取引と取引所以外の市場における取引があります。取引所では，同じ条件のデリバティブを多くの人が取引できるように取引条件が標準化されています。一方，カスタマイズされ個別性の高いデリバティブ取引は，取引所外で当事者の合意により取引されます。このような取引所外の取引には，たとえば，ディーラー市場，ブローカー市場，相対市場等があります。

　さて，こうした市場で取引されるデリバティブの時価としては，§4－2で紹介した3つのアプローチのうち，主にマーケット・アプローチまたはインカム・アプローチが用いられます。資産の用益能力を再調達するために現在必要な金額に基づくコスト・アプローチは金融商品であるデリバティブにそぐわないアプローチであるためです。

　マーケット・アプローチとは，同一または類似の資産または負債に関する市場取引による価格等のインプットを用いる評価技法になります。

　一方，インカム・アプローチでは，現在価値技法やオプション価格モデルといった評価技法により，デリバティブの時価評価を行います。

　以下では，これらのうち現在価値技法とオプション価格モデル，それぞれの技法について詳しく見ていきましょう。

デリバティブが取引される市場！

■取引所市場
・多くの人が取引所を通して取引する。
・取引条件は標準化されている。

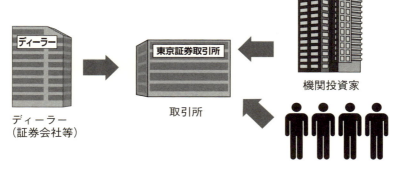

■取引所以外の市場
・取引所を通さずに取引される。
・取引条件は取引所で取引されるデリバティブ取引と異なり、カスタマイズされている。

＜ディーラー市場＞

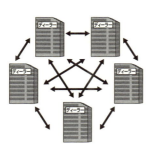

ディーラーが自己のために売り買いをしている

＜ブローカー市場＞

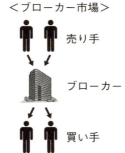

ブローカーが売り手と買い手の仲介をする

4-4 現在価値技法(その1)

割引計算とは

現在価値技法による時価の算定方法とは,①将来キャッシュ・フローを見積り,それを②**適切な市場利子率で割り引く**方法です。

① **将来キャッシュ・フローの見積り**は,契約上の諸条件を将来の各期間に展開することで行います。

② **適切な市場利子率で割り引く**とは将来のお金の価値を現在に置き直すことです。例として,1年後に100万円を受け取る場合を考えてみましょう。割引計算とは,この1年後の100万円の現在の価値を計算する方法です。

まず,今,100万円を持っていた場合を考えます。この100万円を銀行に金利1%で預金すると,1年後には

100万円×(1+1%)=101万円

を受け取ることができます。

現在の100万円の価値=1年後の101万円の価値

逆に,「1年後に100万円を受け取る契約」の現在の価値は,上の式を逆算して算定できます。

100万円÷(1+1%)≒99.0099…万円

1年後の100万円の価値≒現在の99万円の価値

割引計算とは,このような計算のことをいいます。なお,ここでの預金金利のように割引計算に使用する金利を**割引率**といいます。

割引計算とは!?

■１年後の100万円の預金の現在の価値はいくらか？
【前提】預金金利：1％

	Step1 現在の100万円の１年後の価値を求める	**Step2** １年後の100万円の現在の価値（割引現在価値）を求める
現在の価値	100万円	99.0099万円 ※100万円÷（1＋1％）
考え方	↓ 預金すると，利息がつくので１年後には…	↑ １年後にちょうど100万円になる現在の預金残高は？
１年後の価値	101万円 ※100万円×（1＋1％）	100万円

割引計算の式は，１年後の価値を求める式の逆算なんだ！

4-5 現在価値技法（その2）

金利スワップの時価算定①（変動金利部分の割引計算）

金利スワップを例に時価を実際に算定してみましょう。

> **【設例】金利スワップ**
> 残存期間：期間5年の金利スワップが2年経過し，残存期間3年
> 想定元本：100
> 支払金利：固定金利 5％，受取金利 変動金利6か月TIBORフラット

金利スワップとは，一定期間にわたり一定条件のもと取引相手との間で金利等により決定されるお金を交換する取引です。設例の金利スワップは，固定金利を支払い，変動金利を受け取ります。

この金利スワップは，右頁の図表の通り，「固定金利で借入れを行い，即日，その資金と同額同期間の変動金利債券を購入し，期間満了後に債券償還額で借入金を返還する」という取引と，資金のやり取りは同じになります。そこで，この金利スワップの時価は，「変動金利の債券の時価」と「固定金利の借入の時価」の2つに分けて計算することができます。

まず，変動金利の債券の時価を考えてみましょう。

債券の利率の「TIBORフラット」とは，「TIBOR（東京銀行間取引金利，市場金利の1つ）と同水準」という意味です。市場金利は，「今のお金」と「将来のお金」の交換を等価値にするためのものなので，債券の利率が市場金利と同一であるということは，債券の時価が，将来の償還額，すなわち債券の額面（100）に等しいということを意味します。

金利スワップを借入と債券の購入に分解！

■例：金利スワップ

期間5年の金利スワップが2年経過し，残存期間3年

想定元本：100

支払金利：固定金利5％

受取金利：変動金利6か月TIBORフラット

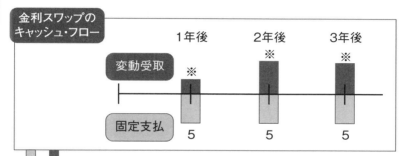

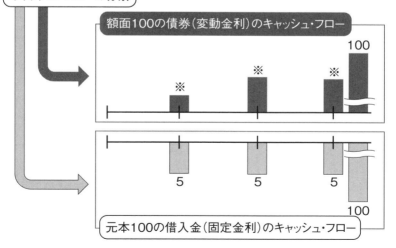

※変動金利6か月TIBORフラットで算定された利息

4−6 現在価値技法（その3）

金利スワップの時価算定②（変動部分と固定部分の合計）

　次に，固定金利の借入金の時価を，§4−4で説明した割引現在価値による時価の算定方法の2ステップに従って計算しましょう。

　第1ステップは将来キャッシュ・フローの見積りです。固定金利の借入部分は，支払金利が残存期間3年にわたり100×5％＝5が毎年発生し，また3年後に元本100の支払いが発生します。

　第2ステップは割引計算です。支払サイドの1年後のキャッシュ・フロー5の現在価値は，割引率を4％とすると，下記の計算で求められます。

　5÷（1＋4％）＝4.81

　このような計算を残存期間3年分にわたり計算し，合計することで，右図のように時価を求めることができます。この場合は，固定金利の借入部分の時価は▲100.96と計算されました。

　このように算定した「変動金利の債券の時価」と「固定金利の借入金の時価」を合計することで，金利スワップの時価は▲0.96（＝100＋▲100.96）（純額で負債サイド）と求められます。

割引率は，一定ではないんだね。
残存期間により，利子率が変わってくるらしい。
イールドカーブ（71頁参照）を用いて見積もるんだって。

割引現在価値による時価の算定方法

■**割引現在価値による時価の算定方法とは,**
　Step1　将来キャッシュ・フローを見積もり,
　Step2　それを適切な市場利子率で割り引く

【前提】割引現在価値を求める対象
　期間5年のうち2年経過し(残存期間3年)の借入金のキャッシュ・フロー
　想定元本：100，支払金利：固定金利5％

Step1　将来キャッシュ・フローを見積もる

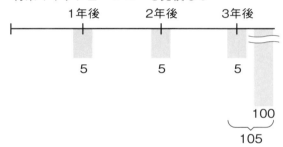

Step2　適切な市場利子率で割り引く

	将来キャッシュ・フロー	割引率（市場利子率）	現在価値	現在価値の算定式
1年後	▲5	4.0000%	▲4.81	$\dfrac{▲5}{1+4.0000\%}$
2年後	▲5	4.2476%	▲4.60	$\dfrac{▲5}{(1+4.2476\%)^2}$
3年後	▲105	4.6765%	▲91.55	$\dfrac{▲105}{(1+4.6765\%)^3}$
合計	▲115		▲100.96	

固定金利の借入金の時価
＝各年の利息及び元本の割引現在価値の合計

オプション価格モデル

オプション価格を構成する要素とは

　時価算定の評価技法に用いられる**オプション価格モデル**には，ブラック・ショールズ・モデル等のモデルがあります。

　詳細は，§6で解説しますが，オプションの価格に影響を与える要素には下記のようなものがあります。①〜⑤の各要素がオプション価値にプラスに働くのかマイナスに働くのかだけでも押さえておくと，オプション価値を理解するうえで役に立つでしょう。

【日経平均を対象としたコールオプション，プットオプションの買いのオプションの価値の変動状況】

要素	コール	プット
①日経平均の現在の価格	＋	－
②オプションの権利行使価格	－	＋
③満期までの期間	＋（※）	＋（※）
④ボラティリティ（変動率）	＋	＋
⑤市場利子率	＋	－

※ヨーロピアンオプションは，満期までの期間が必ずしもオプション価値と連動しない。

　例えば，日経平均を対象としたコールオプションの買いは，日経平均の現在の価格が上昇するとそのオプション価値は増加します。

🔑 Key Word　割引率として用いる市場利子率

§4-6で割引現在価値を算定するに当たり，割引率として市場利子率を用いました。この利子率が1年後，2年後，3年後で異なることに気づいた方はいるでしょうか。じつは市場で成立する金利は，残存期間により変動します。

残存期間と金利には一定の関係があり，それを表したものをイールドカーブといいます。イールドカーブは，市場で成立した残存期間ごとの金利を元にカーブを描きます。割引計算に必要な残存期間について市場で成立した金利が存在しない場合もあります。その場合，市場で成立した金利のデータを「補間」して必要な残存期間の金利を算出します。

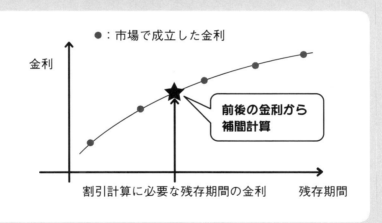

4-8 時価を入手して使用する場合

第三者から入手した価格を使用する

　取引相手の金融機関，ブローカー，情報ベンダー等，**第三者から入手した相場価格は，時価算定基準に従って算定されたものであると判断される場合**に，時価の算定に用いることができます。この判断にあたっては，たとえば，以下の手続を実施することが考えられます。

---
(1)　自社が計算した推定値とを比較し検討
(2)　他の第三者から入手した価格とを比較し検討
(3)　第三者の時価算定過程が会計基準に従って算定されているかを確認
(4)　類似銘柄の価格と比較
(5)　時系列推移の分析など商品の性質に合わせた分析

　ただし，金融機関以外の企業等においては，上記より簡単な手続（公表されているインプットの契約時からの推移と入手した相場価格との間に明らかな不整合はないことの確認）で，第三者から提供された相場価格を時価とみなすことが認められる場合があります。

　対象となるのは，レベル2の時価に属すると判断される，デリバティブ契約の全期間にわたって一般に公表されており観察可能である金利や先物為替相場をインプットとして時価算定される金利スワップ，為替予約または通貨スワップです。また第三者が客観的に信頼性のある者で自社から独立した者であるといった要件も必要です。

　この場合は，実務におけるコストと便益を比較衡量し，時価の算定の不確実性が相当程度低いと判断されるためです。

時価のさまざまな入手先！

■時価の入手先

金融機関，ブローカー，情報ベンダー等から入手した相場価格を時価として用いる場合があります。

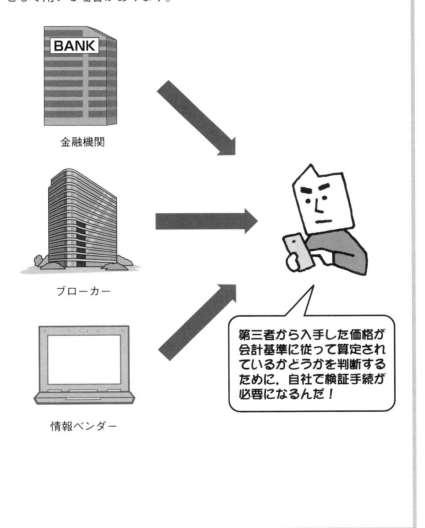

COLUMN

金融危機と時価評価

　2007年から2008年にかけて発生した世界金融危機は，デリバティブ取引の時価評価の方法にも大きな影響を及ぼしました。

　第一に，市場での取引の成立しやすさや市場価格の入手しやすさ（市場流動性）に関する問題です。サブプライム問題が顕在化した当時，証券化商品やクレジット・デフォルト・スワップ（CDS）（§8－9参照）と呼ばれるデリバティブ取引などの価格が急落し，それに伴いリスクを回避したい金融機関が取引に消極的となり，市場で成立する取引が激減しました。仮に成立する市場価格があっても，平常時の価値を大きく下回るものとなりました。デリバティブ取引などに適切な市場価格がつかなくなった結果，金融商品の市場価格を取得することが困難となりました。このように市場流動性が低下した状況での，時価評価方法が国際的な議論となりました。

　第二に，デリバティブ取引の取引相手（カウンターパーティ）の信用リスクに関する問題に焦点が当てられました。CDSは，対象となる企業が破産した場合などに，売り手から買い手に保証金額が支払われる商品ですが，金融危機の時には，経営危機に陥った売り手が，保証金額が支払えないという事態が生じました。このような事態を正確にCDSの時価評価に反映させるには，CDSの対象となる企業の信用リスクのほかに，カウンターパーティである売り手の信用リスクも考慮するのが理論的です。このように，デリバティブ取引の時価評価にあたりカウンターパーティの信用リスクを考慮することの重要性が再認識されました。

§5 先渡取引・先物取引の種類と会計処理

先渡取引・先物取引とは「取引の予約」です。もちろん，予約といってもレストランの予約とは違います。ではどんな取引の予約のことでしょうか？ 要件，メリット・デメリットを確認し，具体的な設例をもとに，会計処理をみていきましょう。さらに予約の種類や予定取引など，実務上重要な論点もご紹介します！

5-1 先渡取引・先物取引とは？

定義5要件！
どこで，いつ，なにを，いくらで，どうする？

　先渡取引・先物取引は「**取引の予約**」であり，原則として**先渡取引は現物決済を行う**のに対し，**先物取引は差金決済を行う**という点を§1－2で紹介しました。難しく考えずに，文字どおり「将来（先）」に「渡」すことを約する取引とか，「将来（先）」の「物」に対する取引などとイメージしておきましょう。

　その他の要件を詳しく説明すると，両者は以下の**5要件**を満たす取引のことをいいます。

	例
先渡取引の要件 1　取引所以外で（どこで）	A銀行の店頭で
先物取引の要件 1'　取引所で（どこで）	B取引所で
先渡取引・先物取引の共通要件 2　あらかじめ定められた時期に（いつ） 3　特定の商品を（なにを） 4　あらかじめ定められた価格で（いくらで） 5　取引することを約する（どうする）	X1年3月31日に ＄100を 100円／＄で 買う予約をする

　予約といっても，レストランの予約と違い，キャンセルすることはできません。たとえ損失が発生する結果になったとしても，原則として一度契約した先渡取引・先物取引は実行されなければなりません。
　金利先渡取引，為替先渡取引（為替予約），債券先物取引，金利先物取引，通貨先物取引，商品先物取引などが代表的です。

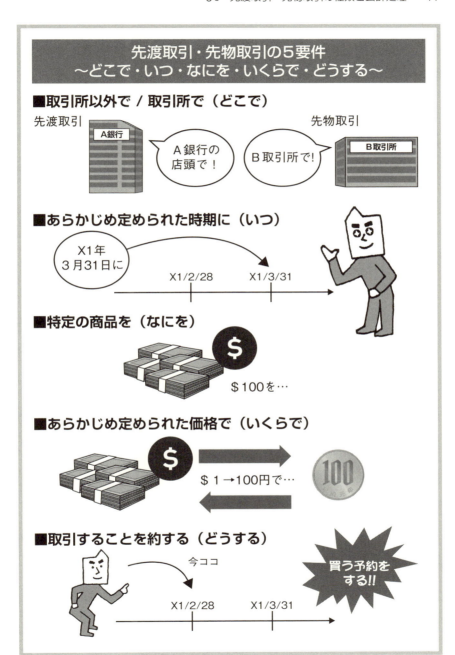

5-2 先渡取引・先物取引のメリット

売りが先？　価格確定，少額投資で高額利益!?

　先渡取引・先物取引をするメリットはなんでしょうか。一般的に，以下のメリットが挙げられます（対応するデリバティブの目的は，**§1-11**参照）。

先渡取引・先物取引のメリット
- 買いからでも売りからでも取引できる。
- 多くの場合，時価の変動する対象商品の取引金額を確定させることができる（主として**リスクヘッジ目的**で利用する場合）。
- 少額の資金で高額の取引ができ（**§1-6**参照），短期間で利益を生み出すことができる可能性がある（主として**投機目的**で利用する場合）。

　先渡取引は現物決済を前提とするためリスクヘッジ目的で利用されることが多い一方，先物取引は差金決済を前提とするため（**§1-2参照**），リスクヘッジ目的のほか投機目的でも利用されます。ただし，先渡取引を差金決済で行う場合もあり，先渡取引・先物取引を決済方法で明確に区別することはできない点に留意が必要です（**§5-12参照**）。
　先渡取引の例としては，海外取引の多い企業が，外貨建金銭債権債務等の決済相場を確定させる目的で外国為替相場の予約取引（**為替予約→§5-3参照**）を行う等があります。一方，先物取引の例としては，投資家が対象商品の値動きを予測し，短期間で多額の利益を得る目的で，株式や価格の振れ幅の大きい原油等の売買に利用する等があります。

目的に応じた先渡取引・先物取引のメリット

■リスクヘッジ目的で利用する場合のメリット

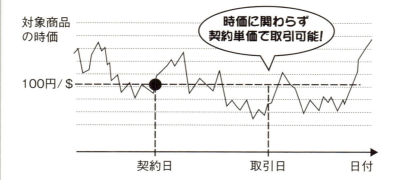

■投機目的で利用する場合のメリット

5-3 為替予約とは？

異なる通貨を決まった時期・価格で売買する！

数ある先渡取引・先物取引の中でも特に広く利用されている取引が「**為替予約**」です。為替予約とは，売買の当事者が，金融機関の店頭などで（どこで），あらかじめ定められた時期に（いつ），特定の通貨を（なにを），一定価格で（いくらで），売買する（どうする）ことを約する取引です。§5-1で紹介した例が為替予約になっています。

> **為替予約の取引例**
> X1年1月31日（予約日）に，A銀行の店頭でX1年3月31日（決済日）に＄100を100円／＄で買う予約をする。

為替予約は，リスクヘッジ目的の取引（例：為替相場の変動により外貨建金銭債権債務等の決済時に**為替差損益**が生じるリスクを回避するために利用）も投機目的の取引（例：将来の為替変動による利得を期待して利用）も存在します。ここでは，多くの事業会社で利用されるリスクヘッジ目的の為替予約に焦点を当てて解説していきます。

なお，ここで利用される為替相場（上記取引例であれば100円／＄）は，通常，予約時に外国為替市場で形成されている**先物為替相場**（100頁参照）が用いられます。

> 🔑 **Key Word　為替差損益**
> 為替相場の変動により生じる利益や損失を表す会計上の勘定科目のこと。主に外貨建資産負債の換算差額や決済差額から生じる。

§5 先渡取引・先物取引の種類と会計処理 81

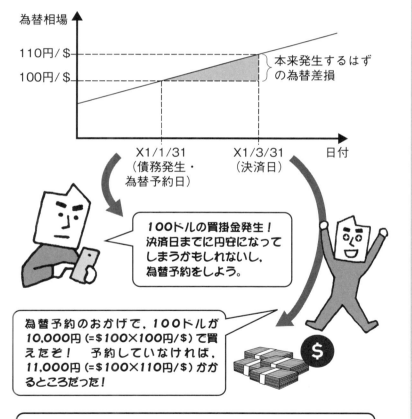

5-4 為替予約の会計処理

独立処理, ヘッジ会計（原則・振当）の3パターン

為替予約の会計処理には以下の3パターンがあります。

> ① **独立処理**
> 　為替予約の対象となる外貨建金銭債権債務等と，為替予約を別箇に会計処理する方法
> ② **ヘッジ会計（原則的処理）**（※ヘッジ会計の要件を満たす必要あり）
> 　為替予約の**時価変動に伴う損益**を，為替予約の対象となる外貨建金銭債権債務等に係る為替差損益が認識されるまで**繰り延べる**方法
> ③ **ヘッジ会計（振当処理）**（※ヘッジ会計の要件を満たす必要あり）
> 　為替予約の対象となる外貨建金銭債権債務等を，為替予約による**予約相場で換算**する方法（発生時の為替相場による円換算額と為替予約による円貨額との差額は「直々差額」と「直先差額」（§5－6参照）に区分して処理）

　最も簡便な会計処理方法は，③のヘッジ会計（振当処理）です。ヘッジ会計の要件（§3－9・§3－10参照）を満たす必要はありますが，為替予約を実施する多くの企業がリスク回避目的で当該予約を行っているため，要件をクリアするケースが多く，メジャーな会計処理といえます。

　それでは，順次設例でそれぞれの処理を確認していきましょう。

為替予約の会計処理は3パターン！

設例
対象資産：X1年1月31日の売上代金（売掛金）1,000ドル
為替予約：売予約 ／ 為替予約相場　1ドル＝105円

	売上取引	為替予約	決算日	決済日
先物為替相場	—	105円/$	100円/$	—
直物為替相場	110円/$	—	102円/$	103円/$
	X1/1/31	2/28	3/31	4/30

■独立処理

① 売上取引（X1年1月31日）　　　　　　　　　　　　　　　　（単位：円）

（借）売掛金	110,000	（貸）売上高	110,000

※110円×1,000ドル

② 為替予約締結（X1年2月28日）

仕訳なし

③ 決算日（X1年3月31日）
外貨建金銭債権及び為替予約をそれぞれ別箇に換算・時価評価する。

（借）為替差損益	8,000	（貸）売掛金	8,000

※102円×1,000ドル－110,000円

（借）為替予約（資産）	5,000	（貸）為替差損益	5,000

※（100円－105円）×1,000ドル

④ 翌期首（X1年4月1日）
期末における為替予約の評価仕訳を洗い替える。

（借）為替差損益	5,000	（貸）為替予約（資産）	5,000

⑤ 為替予約及び売掛金決済日（X1年4月30日）

（借）現金預金	2,000	（貸）為替差損益	2,000

※（103円－105円）×1,000ドル

（借）現金預金	103,000	（貸）売掛金	102,000
		為替差損益	1,000

■ヘッジ会計（原則的処理）
→§5－5参照

■ヘッジ会計（振当処理）
→§5－6，§5－7参照

5-5 ヘッジ会計の原則的処理

ヘッジ対象とヘッジ手段の損益を同タイミングで認識

締結した為替予約がヘッジ会計の適用要件（§3-9・§3-10参照）を満たす場合，ヘッジ会計を適用することができます。この場合，実務上は簡便的な会計処理である振当処理（§5-6・§5-7参照）を採用するケースが多いものの，ヘッジ会計の原則的な処理は**繰延ヘッジ**です。

> **ヘッジ会計の原則的処理**（金融商品会計に関する実務指針169項，174項）
> 外貨による予定取引についての為替変動リスクのヘッジは，金融商品会計基準に従って処理し，ヘッジ会計の要件を満たす場合にはヘッジ手段に係る損益又は評価差額を**繰延ヘッジ損益**として繰り延べる。
> 繰延ヘッジ損益は，**純資産の部に計上**する。

典型例は，ヘッジ対象となる外貨建金銭債権債務等の発生前に為替予約を締結し，決算日を迎えるケースです。為替予約（ヘッジ手段）の時価評価差額を損益に計上せず純資産の部に計上して繰り延べ，翌期以降，ヘッジ対象が損益計上されるタイミングでその損益を認識します。

なお，ヘッジ会計の目的の根幹は，ヘッジ対象とヘッジ手段の損益の発生タイミングを一致させることにあるため，ヘッジ対象たる外貨建金銭債権債務等が決算日において存在し，時価変動損益が認識される場合には，ヘッジ手段たる為替予約の時価変動額も繰り延べられることなく，損益として認識されることになります。したがって，**§5-4**の設例の条件下においてヘッジ会計の原則的処理を採用している場合，同設例で紹介した独立処理の会計処理と結果的に同じ処理となります。

ヘッジ対象とヘッジ手段の損益認識タイミングを一致させよ！

設例
対象資産：X1年4月30日の売上代金（売掛金）1,000ドル
為替予約：売予約 ／ 為替予約相場　1ドル＝105円

※簡便化のため、税効果会計は考慮しない。

■ヘッジ会計（原則的処理）

① 為替予約締結（X1年2月28日）　　　　　　　　　　（単位：円）

仕訳なし			

② 決算日（X1年3月31日）
為替予約を決算時の先物為替相場で時価評価し、評価差額を繰り延べる。

（借）為替予約（資産）	5,000	（貸）繰延ヘッジ損益(純資産)	5,000

※(100円－105円)×1,000ドル

③ 翌期首（X1年4月1日）
期末における為替予約の評価仕訳を洗い替える。

（借）繰延ヘッジ損益(純資産)	5,000	（貸）為替予約（資産）	5,000

④ 売上取引（X1年4月30日）
取引時の直物為替相場により売上高を計上する。

（借）売掛金	101,000	（貸）売上高	101,000

※101円×1,000ドル

為替予約を取引時の先物為替相場により時価評価し、当該ヘッジ損益をヘッジ対象取引に振り替える。

（借）為替予約（資産）	7,000	（貸）繰延ヘッジ損益(純資産)	7,000
（借）繰延ヘッジ損益(純資産)	7,000	（貸）売上高	7,000

※(98円－105円)×1,000ドル

⑤ 為替予約及び売掛金決済日（X1年5月31日）

（借）現金預金	105,000	（貸）売掛金	101,000
為替差損益	3,000	為替予約（資産）	7,000

※売上取引日の直物為替相場と先物為替相場の差が為替差損益となる。
　なお、上記仕訳は為替予約の決済と売掛金の決済仕訳の合算である。

5-6 ヘッジ会計の振当処理①

2ステップ！　直々差額の処理・直先差額の処理

　振当処理は，実務上メジャーな会計処理である一方，会計基準上では当分の間，**特例**として認められている処理です。振当処理は外貨建金銭債権債務等を**為替予約相場にて換算**する方法ですが，特徴的なのはその換算差額の処理方法（下記，下線部分）です。

> **ヘッジ会計の振当処理**
> **（外貨建取引等会計処理基準　注解7／同実務指針8項より抜粋）**
> 　外貨建金銭債権債務等に係る為替予約等の振当処理においては，当該金銭債権債務等の取得時又は発生時の為替相場（決算時の為替相場を付した場合には当該決算時の為替相場）による円換算額と為替予約等による円貨額との差額（**為替予約差額**）のうち，①予約等の締結時までに生じている為替相場の変動による額（<u>直々差額</u>）は<u>予約日の属する期の損益として処理</u>し，②<u>残額（直先差額）は予約日の属する期から決済日の属する期までの期間にわたって合理的な方法により**配分**し，各期の損益として処理する。</u>

　直々差額は，すでに経過した期間に係る為替相場の変動であるため，為替予約の締結と同時に損益として処理します。一方，直先差額の期間配分が必要とされるのは，金利的性質があるためなのです（100頁参照）。
　右設例でいうと，①売上取引日（1月31日）から為替予約締結日（2月28日）までの直物相場変動（110円/＄→108円/＄）の影響が直々差額であり，②為替予約締結日（2月28日）の直物相場と予約相場の差（108円/＄→105円/＄）による影響が直先差額です。

§5 先渡取引・先物取引の種類と会計処理

換算差額の処理は2ステップから成る！

設例
対象資産：X1年1月31日の売上代金（売掛金）1,000ドル
為替予約：売予約

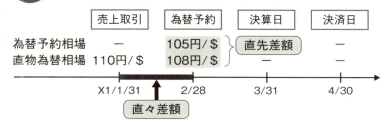

■ ヘッジ会計（振当処理）の原則処理

① 売上取引（X1年1月31日） （単位：円）

| （借）売掛金 | 110,000 | （貸）売上高 | 110,000 |

※110円×1,000ドル

② 為替予約締結（X1年2月28日）

【STEP1】①から②までの相場変動の影響（**直々差額**）を当期の損益とする。

| （借）為替差損益 | 2,000 | （貸）売掛金 | *2,000 |

※（108円−110円）×1,000ドル

【STEP2−1】②における相場と予約相場の差の影響（**直先差額**）を期間配分するために経過勘定（前払費用・前受収益）を識別し，計上する。

| （借）前払費用 | 3,000 | （貸）売掛金 | *3,000 |

※（105円−108円）×1,000ドル

＊ここで，売掛金残高は予約相場による円換算額に一致する。

③ 決算日（X1年3月31日）

【STEP2−2】②から決済日までの期間（2か月）のうち，1か月が経過したため，その分の経過勘定を当期の損益とする。

| （借）為替差損益 | 1,500 | （貸）前払費用 | 1,500 |

※3,000円×（1か月／2か月）

④ 為替予約及び売掛金決済日（X1年4月30日）

| （借）現金預金 | 105,000 | （貸）売掛金 | 105,000 |

【STEP2−3】残りの経過勘定を当期の損益とします。

| （借）為替差損益 | 1,500 | （貸）前払費用 | 1,500 |

5-7 ヘッジ会計の振当処理②

とっても簡便！　振当処理の例外処理

　§5-6の設例では，為替予約の対象となる外貨建金銭債権債務等の発生の後に為替予約を締結していますが，逆に取引前に為替予約を締結することもあります。この場合，振当処理は，以下のように処理することができるとされています。

> **ヘッジ会計の振当処理の例外処理**
> **（外貨建取引等の会計処理に関する実務指針8項）**
> 　為替予約等の契約が外貨建取引の前に締結されている場合には，実務上の煩雑性を勘案し，外貨建取引及び金銭債権債務等に**為替予約相場による円換算額を付すことができる。**

　この方法によれば，「直々差額」「直先差額」を考える必要はなく，為替差損益も発生しません。外貨建金銭債権債務等の処理について，まるで円貨建取引の処理のように簡潔に会計処理することができます。

　たとえば，1,000ドルの売掛金決済のために1ドル＝105円で為替予約を締結した場合，売掛金は，発生時，決算時，決済時いずれにおいても，105,000円（＝105円×1,000ドル）で評価される，ということになります。

　なお，決算日に為替予約（ヘッジ手段）だけがあり，外貨建金銭債権債務等（ヘッジ対象）がない場合には，為替予約を時価評価し，評価差額を繰り延べる必要がある点に留意しましょう（§3-6参照）。

円貨建の処理にそっくり？ ヘッジ会計（振当処理）の例外処理

設例
対象資産：X1年4月30日の売上代金（売掛金）1,000ドル
為替予約：売予約 ／ 為替予約相場1ドル＝105円

	為替予約	売上取引	決済日
先物為替相場	105円/＄	―	―
直物為替相場	―	―	―
	X1/2/28	4/30	5/31

■ヘッジ会計（振当処理）の例外処理

① 為替予約締結（X1年2月28日）　　　　　　　　　　（単位：円）

仕訳なし

② 売上取引（X1年4月30日）
外貨建取引もそこから生じる外貨建金銭債権も予約相場で換算する。

(借) 売掛金	105,000	(貸) 売上高	105,000

※105円×1,000ドル

③ 為替予約及び売掛金決済日（X1年5月31日）

(借) 現金預金	105,000	(貸) 売掛金	105,000

国内での円貨建取引と同じ処理だから簡単だ♪

 Check!

　為替予約締結後，売上取引日までに決算を迎える場合には，以下のような仕訳が必要である（決算日3/31の先物為替相場：103円/＄）。なお簡便化のため，税効果会計は考慮しない。

◆ 決算日（X1年3月31日）
　為替予約を時価評価し，評価差額を繰り延べる（翌期首に洗替）。

(借) 為替予約（資産）	2,000	(貸) 繰延ヘッジ損益	2,000

※（103円－105円）×1,000ドル

5-8 個別予約と包括予約

包括予約は，柔軟性のある個別予約の集合体

　為替予約は「あらかじめ定められた時期に」決済を行う必要がありますが，その「時期」は特定日である場合と特定期間である場合があります。

　ここで，為替予約には**個別予約**と**包括予約**という形態があり，上記「時期」が特定日である場合は個別予約に，特定期間である場合は包括予約に利用されます。

個別予約
　特定の外貨建取引に対して，金額，実施日等を定めて行う為替予約

包括予約
　一定期間内（週や月単位）に実施される**不特定かつ複数の外貨建取引の見込額**に対して，まとめて付す為替予約

　これまで紹介してきた設例は，すべて個別予約です。しかし，日常反復的に輸出入を行っている企業にしてみれば，毎日のようになんらかの外貨建取引が発生していることも考えられ，その一取引一取引ごとに為替予約を付すのは大変煩雑です。そこで，その決済総額の見込額をもって為替予約を付すことが多く，これを包括予約といいます。

　見込額のため，実際の決済額と差異が発生する場合がありますが，予約枠が余ってしまった場合（予約額よりも実取引額のほうが少なかった場合）でも為替予約を実行しなければならない点に留意が必要です。

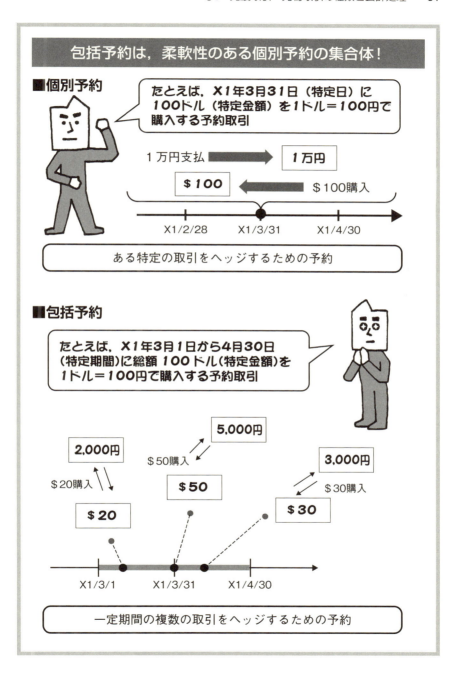

5-9 予定取引とヘッジ会計

ヘッジ会計適用可否は予測可能と実行可能性がカギ

　包括予約が不特定かつ複数の外貨建取引の「見込額」に対してまとめて付す為替予約であったように，一般に，外貨建金銭債権債務等（ヘッジ対象）が発生していない段階でそれを見越し，為替変動リスクをヘッジする目的で為替予約（ヘッジ手段）を締結することがあります。しかし，ヘッジ会計は本来，ヘッジ対象とヘッジ手段の両者が存在して初めて意味をなす会計処理であるため（§3参照），このようにヘッジ対象が未発生の状態の為替予約に対してヘッジ会計を適用し，時価変動損益を将来に繰り延べてしまってよいのかについては疑問が生じます。

　この点，ヘッジ会計が適用されるヘッジ対象には，**予定取引**により発生が見込まれる資産または負債も含まれるとされています。

> **予定取引（金融商品に関する会計基準　注12）**
> 　未履行の確定契約に係る取引及び契約は成立していないが，取引予定時期，取引予定物件，取引予定量，取引予定価格等の主要な取引条件が**合理的に予測可能**であり，かつ，それが**実行される可能性が極めて高い**取引

　為替予約の対象となる見込取引が，上記定義にかなう「予定取引」であるかどうかを判断する際は，たとえば「過去における同様の取引実施頻度」「当該予定取引を行う能力の有無」「当該予定取引を行わないことによる不利益の有無」「当該予定取引と同等の効果・成果をもたらす他の取引の有無」「当該予定取引発生までの期間の妥当性」「予定取引数量の妥当性」を総合的に吟味する必要がある点に留意が必要です。

§5 先渡取引・先物取引の種類と会計処理　93

ヘッジ会計適用可能な予定取引の要件
「予測可能」「実行可能性高」

例 海外から外貨建でリンゴ1,000個を仕入れる予定があるが，取引前に為替予約のみ締結したケース

あれ？　為替予約を締結したけど，ヘッジ対象はまだないぞ？

ヘッジ会計の適用OK!!

リンゴの仕入（ヘッジ対象）が…

予定取引
- 取引条件が合理的に予測可能
- 実行可能性が極めて高い

取引数量は妥当？
ex）昨年同シーズンと同水準

過去の同様の取引実施頻度は高い？
ex）海外仕入が売上の80%を占めるため，輸入は頻繁

その取引を行う能力はある？
ex）法的・資金的問題なし

総合的に吟味

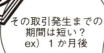

その取引発生までの期間は短い？
ex）1か月後

その取引は唯一無二？
ex）代わりはきかない

その取引を行わないと不利益がある？
ex）営業ができなくなる！

5-10 長期の為替予約の留意点

為替予約にヘッジ会計が適用できない場合とは？

　包括予約の契約期間は週や月単位の場合もありますが，実務上は，数年単位のもの（「**包括的長期為替予約**」という）も存在します。外貨建取引を頻繁に行っている企業にとっては，為替リスクが大きく，常にそのヘッジの必要性が高いため，長期的な経営計画に基づく為替予約を行うことが少なくないためです。

> **包括的長期為替予約の例**
> 今後数年間にわたり月々の輸入取引に使用する目的で，毎月同額，同一相場の円売りドル買いの為替予約を包括的な取引として締結する場合

　ヘッジ対象発生前に為替予約を締結した場合も，ヘッジ対象となる取引が**合理的に予測可能**であり，かつ，それが**実行される可能性が極めて高い場合**（**予定取引**），ヘッジ会計を適用できます（**§5-9**参照）。包括的長期為替予約の場合もヘッジ会計の適用が可能ですが，**§5-9**に示した項目について，期間が長ければ長いほど慎重な吟味が必要です。

　予定取引発生までの期間が1年以上の場合，ヘッジ会計適用には，対象取引（輸入や輸出等）見合いの長期の円建売もしくは円建買契約があることが求められます。このような契約がない場合も，経営計画の存在や損失の発生可能性などの他の要素を十分吟味し，一定の条件に当てはまる場合，ヘッジ会計を適用することが妥当と認められる場合がありますが（右頁参照），こうした条件に該当しないと，原則として投機目的とみなされ，ヘッジ会計を適用することはできません。

1年以上の為替予約へのヘッジ会計適用には"十分な"吟味が必要

包括的長期為替予約（例　今後数年間，毎月末に＄100を100円／＄で購入する）に**ヘッジ会計を適用**するには…？

輸入見合いの長期の円建売契約があれば，OK!
このような契約がない場合
以下の要素を**十分に吟味**する

為替相場の合理的な予測に基づく売上と輸入（輸入品目を特定）に係る合理的な経営計画（3年程度）はあるか？？

その計画に損失は予想されていないか？？

経営計画OK!

計画に損失なし！

or

解約不能の契約あり!!

黒字予定！

契約書　解約不可

輸入予定取引に対応する円建売上（＝輸入品の販売）に係る解約不能の契約はあるか？？

その契約は損失とならないか？？

これならヘッジ対象とすることは妥当と認められるかも！

5-11 複数の外貨建金銭債権債務等への予約の振当

為替予約の比例配分！　現実の取引は複数が基本

　実際の企業間取引は複雑かつ多数の取引が行われており，取引と締結する為替予約とは，契約本数や合計金額が必ずしも一致しません。このような複数の外貨建金銭債権債務等への為替予約の振当（円換算方法）は，**決済期日**を基準とし，以下のステップで行います。

> 【例】複数の外貨建売掛金に為替予約を振り当てる場合
> Step 1　外貨建の売掛金残高・契約残高（契約済だが未履行の取引高）・予定取引（未契約だが実現可能性が確実と認められる取引 **§5－9参照**）を**決済月別に分類**する。
> Step 2　**決済月別**のStep 1 の合計額に対する，為替予約残高での**予約振当割合**（→カバー率）を算定する。
> Step 3　**決済月別**の売掛金残高にカバー率を乗じて，**予約振当対象額**（→為替予約でカバーされている外貨建売掛金残高）を算定する。
> Step 4　予約振当対象額は**決済月別の為替予約相場で円換算**し，**予約振当対象外額**（→為替予約でカバーされていない外貨建売掛金残高）は**決算日の直物為替相場で円換算**する。

　為替予約締結に際して，外貨建取引と一対一で紐づけることは実務的ではないとしても，「いつ頃にどのぐらいの外貨建取引をする」といった心積もりはあったはずです。したがって，振り当てに際しては，月別といった決済期日を基準とすることになります。また，期末日に存在する売掛金残高だけでなく，契約残高や予定取引も考慮して計算する点も特徴的です。

4ステップ！ 複数の外貨建金銭債権への予約の振当

設例

■前提条件
・決算日の直物為替相場は108円/ドルである。
・下表中の網掛け金額は本設例における所与数値とする。
・本設例では，為替予約差額の期間配分は省略する。

Step 1　外貨建の各残高を決済月別に分類する。

決済予定月	3月末時点における各残高			
	売掛金外貨残高	契約残高外貨額	予定取引外貨額	計（①）
4月	4,000ドル	1,000ドル	―	5,000ドル
5月	2,500ドル	1,500ドル	1,000ドル	5,000ドル
合計	6,500ドル	2,500ドル	1,000ドル	10,000ドル

Step 2　予約振当割合を算定する。

決済予定月	3月末時点における各残高		
	Step1の①	3月末為替予約残高（②）	予約振当割合（③＝（②/①））
4月	5,000ドル	4,500ドル	90%
5月	5,000ドル	3,200ドル	64%
合計	10,000ドル	7,700ドル	

落ち着いて考えないと難しいぞ

Step 3　予約振当対象額を算定する。

決済予定月	売掛金外貨残高（④）	予約振当割合（③）	予約振当対象額（⑤＝④×③）
4月	4,000ドル	90%	3,600ドル
5月	2,500ドル	64%	1,600ドル
計	6,500ドル		5,200ドル

Step 4　所定の相場にて，外貨建売掛金を円換算する。

決済予定月	予約振当対象額（⑤＝④×③）	為替予約相場（⑥）	円貨額（⑤×⑥）
4月	3,600ドル	107円	385,200円
5月	1,600ドル	106円	169,600円
計	5,200ドル		554,800円
予約振当対象外の円貨額			140,400円※

売掛金合計 695,200円

※｛(4,000ドル+2,500ドル)－(3,600ドル+1,600ドル)｝×108円

5-12 その他の先渡取引・先物取引

金利先渡取引（FRA：Forward Rate Agreement）

　最後に，為替予約以外の先渡取引・先物取引例として，**金利先渡取引**を紹介します。基本的な仕組みは§5-1記載の5要件をベースに，本章で重点的に解説した為替予約と同じです。

　金利先渡取引とは，将来の特定時期に，想定元本に対する特定期間の金利の売買を予約する取引です。為替予約が為替相場の予約であったのに対し，金利先渡は金利の予約であるとイメージしましょう。「先物」ではなく「先渡」取引ですが，予約した金利（契約金利）と実際金利の差を差金決済する点が特徴的です。また，ここでいう契約金利には，通常，TIBORやLIBORといった指標金利（§1-10，§7-6参照）が用いられます。

【例】借入利息に対するTIBOR6か月物円金利の先渡取引の場合
　（想定元本：1億円，X1年4月1日から9月30日の契約金利：0.25％）
　＜ケース1＞4月1日のTIBOR6か月物円金利が0.30％
　　⇒25,000円の受取り（＝1億円×（0.30％－0.25％）×6/12か月）
　＜ケース2＞4月1日のTIBOR6か月物円金利が0.20％
　　⇒25,000円を支払い（＝1億円×（0.20％－0.25％）×6/12か月）

　なお，上記例では考慮外ですが，通常，想定元本に対する利息は**後払い（契約期間満了時）** が想定されている一方，金利先渡取引の決済は**契約期間の初日**です。このタイムラグを考慮し，決済額は上記25,000円を現在価値に割り引いた金額となります（ここでは実際金利を用いて割引計算する）。

差金決済による店頭取引！ 金利先渡取引！

例 借入利息に対するTIBOR6か月物円金利の先渡取引
想定元本：1億円
X1年4月1日〜9月30日の契約金利：0.25%（後払いを想定）
金利先渡契約の決済日：X1年4月1日

金利先渡取引の契約期間は4月1日から9月30日だけど、**利率は4月1日時点のもので計算する**んだな。

4月1日のTIBOR6か月物円金利（実際金利）が **0.30%** だった場合

```
契約日    決済日        利息計算期間
         4月1日        （＝6か月）        9月30日
         0.30%
─────────┼──────────────────────●────────▶
         ◀──────────────────────
              割引計算（※）
         （※詳細は、§4-6参照）
```

Point!

利息後払い（この場合は9月30日）の想定であるため、決済額（4月1日受払い）は、**現在価値に置き直す**ことが必要！

決済額
想定元本1億円×(0.30%−0.25%)×6/12か月＝25,000円
$25,000円 \div (1+0.30\%)^{\frac{1}{2}} = $ **24,963円**

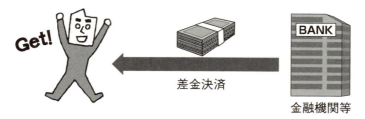

為替予約は為替相場の予約!! 対する金利先渡は金利の予約!!

COLUMN

先物為替相場はどうやって決まる？？

直物為替相場と２通貨間の金利差から決定!!

　設例の中で，「直物為替相場」と「先物為替相場」という２種類の為替相場が登場しました。直物為替相場は，今現在の為替相場であるのに対し，先物為替相場は将来の特定時期における為替相場です。よく考えると，「将来の為替相場なんてどうやってわかるのだろう？」と疑問に思いませんか？　予知能力があるわけではありませんので，正確に将来の相場がわかるわけではありませんが，それを想定することは可能です。では，どのように決まっているのでしょうか？

　先物為替相場は，理論上，資金はどんな通貨で保有していても将来の価値は同一である，という仮定のもと決定されています。言い換えると，**直物為替相場と２通貨間の金利差から決定される**，と言われます。数値例をみてみましょう。

【前提】直物為替相場：100円/$
　　　　１年のドル金利：２％，１年の円金利：１％

【先物為替相場の決定】
　①　１年後のドルの価値　　１ドル×（１＋２％）＝1.02ドル
　②　１年後の円の価値　　　100円×（１＋１％）＝101円
　③　1.02ドル＝101円　→　**１ドル＝99.02円**

　以上のとおり，99.02円が１年先物為替相場ということになります。とはいえ，先物為替相場の決定方法を知っても，前提となる直物為替相場や金利が世界情勢や経済動向等によりいかようにも変動するため，将来の相場を正確に予測することはできません。でなければ，先物取引で大損して涙する人なんていないはずですよね……!?

§6 オプション取引の種類と会計処理

地震や火事，交通事故等，将来のリスクに備え，保険をかけることがあります。オプション取引は，この保険と似ています。株価，為替相場，金利等の変動リスクに備え，オプション料を支払い，自身の都合の良い場合のみ取引をする権利を取得する取引です。

本章では，オプション取引の種類，会計処理，オプションの価値についてご紹介します。

6-1 オプション取引とは

オプション取引とはある条件を満たす権利である

オプション取引とは，次の**4条件**を定めた**権利**の取引です。

A	あらかじめ定められた期日に（いつ）
B	特定の商品を（なにを）
C	あらかじめ定められた価格で（いくらで）
D	売る（または，買う）

「**権利**」ですので，取引を行うか否かを選ぶことができます。この権利の対価としてオプション料を支払います。

日経平均を買う**権利**を例に考えてみましょう。

A	あらかじめ定められた期日に（いつ）	X1年6月30日
B	特定の商品を（なにを）	日経平均
C	あらかじめ定められた価格で（いくらで）	20,000円
D	売る（または，買う）	買う

この場合，期日である6月30日の日経平均が，あらかじめ定められた価格の20,000円より高ければ，権利を実行（20,000円支払って日経平均を購入）して即時に売ることで差額が儲かります。逆に20,000円より安ければ，20,000円で買う権利は価値がなく，権利を放棄することとなります。

ここで，あらかじめ定められた価格を権利行使価格といいます。

 オプションは権利のため，実行しても放棄してもよい。

オプション取引の損益の基本を理解しよう

X1年4月1日，日経平均は20,000円でした。この時，わたしは日経平均が上昇すると予想していましたが，下がる可能性もゼロではなく，そのリスクは負いたくないと思いました。そこで，X1年6月30日を期日とする日経平均オプション（20,000円で買う権利）を200円で購入することにしました。

■6月30日の日経平均による損益の状況

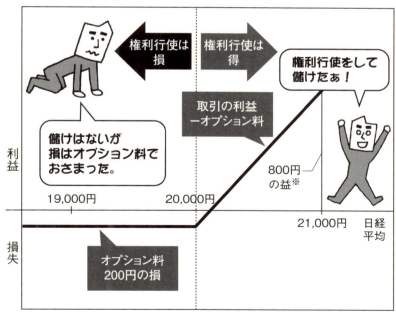

※　800＝(21,000－20,000)－200

6-2 オプション取引の特徴と種類

損失を限定しながら利益を得られる

　デリバティブ取引は，一般に，**初期投資がゼロまたは少額**の反面，予想が外れた場合大きな損失となるリスクがあります。しかし，オプション取引の場合は，損をする場合は権利を行使しなければよいので，**最大でオプション料が無駄になるだけの損にとどまります**。これがオプション取引の特徴であり魅力です。

　オプション取引には，下記のような分類があります。

分類	内容	名称
権利の内容	買う権利	コールオプション
	売る権利	プットオプション
行使できる期間	権利行使期間であればいつでも	アメリカン・オプション
	特定期日にのみ	ヨーロピアン・オプション
基礎商品の種類	現物取引を基礎商品とする	現物オプション
	先物取引を基礎商品とする	先物オプション
取引状況	相対で取引される	店頭オプション
	取引所で取引される	上場オプション

先物取引と異なり，オプション取引は損失限定！

103頁のケースで先物を購入していた場合

■期日（6月30日）
日経平均価格：19,000円の場合

オプションと先物の損益図の比較

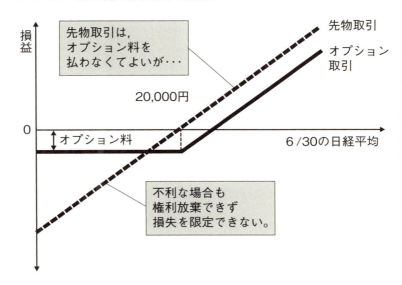

6-3 オプションの買い手と売り手

オプション取引の売り手には無限の損失の可能性も!?

§6-1ではオプションの**買い手**の損益を考えましたが，今度はオプションの**売り手**の損益を考えてみましょう。対象のオプションは，§6-1と同じ条件です。

> オプション料：200円
> オプション内容：6月30日に日経平均を20,000円で買う権利

まず売却時点でオプション料200円の益が確定します。

期日の6月30日では，日経平均が契約額20,000円より高ければ，オプションの買い手が権利を実行し，売り手側は日経平均と契約額の差額の損が生じます。逆に20,000円より安ければオプションの買い手は権利を放棄するため，売り手に新たな損益は発生しません。

期日の日経平均	買い手の行動	買い手の損益	売り手の損益
40,000円	権利行使	19,800円（益）	△19,800円（損）
21,000円	権利行使	800円（益）	△800円（損）
19,000円	権利放棄	△200円（損）	200円（益）
0円	権利放棄	△200円（損）	200円（益）

コールオプションの買い手は「損失が最大でオプション料の金額，益は無限」であるのに対し，**売り手は「益が最大でオプション料の金額，損失は無限」**というところが，対照的ですね。

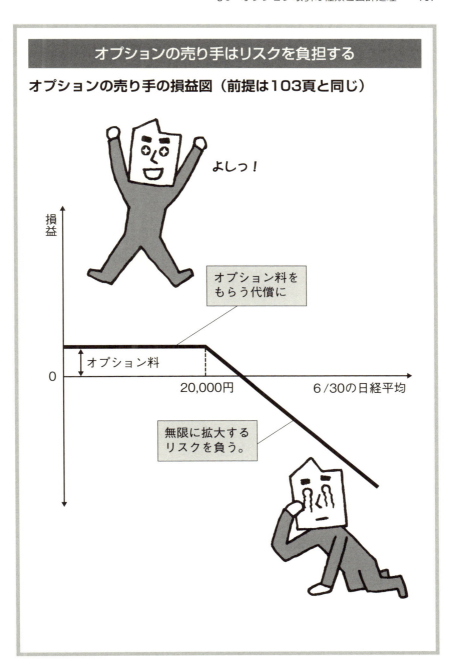

6-4 買う権利と売る権利

「コール・プット」「売り手・買い手」の2×2で4パターン

　§6-3までの取引のような「なにかを買う権利」を**コールオプション**といいますが、オプションには「なにかを売る権利」もあり、これを**プットオプション**といいます。

　下の表は、日経平均のコールオプション・プットオプションのそれぞれについて、日経平均の動向を買い手側・売り手側の損益の対応関係を示したものです。

		オプションの買い手の損益	オプションの売り手の損益
（日経平均の買い）	コール	日経平均の上昇⇒上昇分の儲け （**上昇するほど儲かる**） 日経平均の下落⇒オプション料の損 （**損失限定**）	日経平均の上昇⇒上昇分の損 （**上昇するほど損失が拡大**） 日経平均の下落⇒オプション料の儲け （**利益限定**）
（日経平均の売り）	プット	日経平均の上昇⇒オプション料の損 （**損失限定**） 日経平均の下落⇒下落分の儲け （**下落するほど儲かる**）	日経平均の上昇⇒オプション料の儲け （**利益限定**） 日経平均の下落⇒下落分の損 （**下落するほど損失が拡大**）

　リスクを一定におさえたうえで、利益獲得の可能性があるという、メリットに対応し、買い手はオプション料を支払います。逆に売り手は、オプション料を得る代償にリスクを負担するのです。

オプションの取引は4パターン！

オプション取引のパターンごとの損益図（日経平均の場合）

A　コールオプション（日経平均の買い）の場合

■オプションの買い手の損益
　損失を限定し，上昇時に
　儲けを得る

■オプションの売り手の損
　益オプション料の代償で，
　無限の損失を負担する

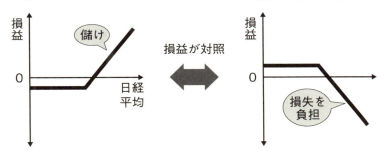

B　プットオプション（日経平均の売り）の場合

■オプションの買い手の損益
　損失を限定し，下落時に
　儲けを得る

■オプションの売り手の損
　益オプション料の代償で，
　下落時に損失を負担

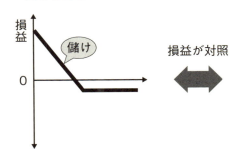
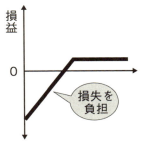

6-5 オプションの価値を分解すると

オプションの価値＝本源的価値＋時間価値

　オプション料はこれまで仮に200円としてきましたが、実際にはどのように決まるのか、考えてみましょう（ここではアメリカン・オプション（権利行使期間内にいつでも行使できる）を前提とします）。

　§6-1の例（X1年6月30日に日経平均を20,000円で買う権利）を改めて考えてみましょう。6月30日の日経平均が21,000円だった場合、オプション保有者は1,000円儲かります。6月30日に行使するオプションを6月30日に買うことは実際にはありませんが、仮に買うとすれば、そのオプションの価値は1,000円となります。

　次に、満期日前の5月31日のオプションの価値を考えてみましょう。日経平均は同じく21,000円とします。この場合もオプションには、行使により獲得できる価値（1,000円）があります。6月30日時点の場合と異なるのは、満期日までに日経平均が上昇すればもっと大きな儲けとなる可能性があることです。つまり、オプションの価値に、この将来の価格変動という期待感が織り込まれ、1,000円より大きくなります。

　このようにオプションの価値は、行使により獲得できる価値（**本源的価値**）と、将来の価格変動を織り込んだ価値（**時間価値**）の2つから成り立っています。

オプションの価値は，本源的価値＋時間価値！

日経平均とオプションの価値の関係
オプション価値＝本源的価値＋時間価値

> 本源的価値は，日経平均が権利行使価格（20,000円）より高いか安いかで日経平均の変動と連動するかどうかが変わる。
> ・日経平均が20,000円より安いときは，本源的価値はゼロ
> ・日経平均が20,000円より高いときは，本源的価値は日経平均が上がるほど大きくなる

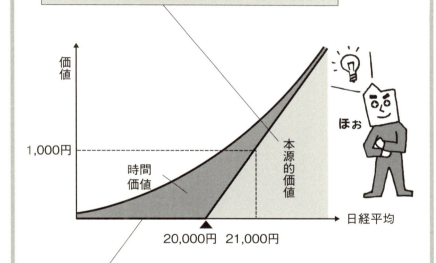

> 日経平均が権利行使価格（20,000円）より低い（行使すると損）場合は，時間価値しかない。

6-6 ITM, ATM, OTM
インザマネー　アットザマネー　アウトオブザマネー

オプション行使で儲かるか否かの状態を示す指標

　オプションの本源的価値はプラスの場合とゼロの場合があります。これは，オプション取引によって儲かる状態か否かを示しています。本源的価値がプラスの場合はオプションを行使すれば儲かる状態にあることを示しており，ゼロの場合はオプションを行使したら損する状態にあるため，通常オプションは行使されないはずであることを示しています。

　行使すると得な状態を**イン・ザ・マネー**（ITM），オプションの行使価格と原資産の価格が一致する部分を**アット・ザ・マネー**（ATM），行使すると損な状態を**アウト・オブ・ザ・マネー**（OTM），といいます。

指標名	状態	コールオプション （買う権利）	プットオプション （売る権利）
イン・ザ・マネー	行使すると得な状態	原資産価格 ＞行使価格	原資産価格 ＜行使価格
アット・ザ・マネー	行使をした場合，損も得もしない状態	原資産価格 ＝行使価格	原資産価格 ＝行使価格
アウト・オブ・ザ・マネー	行使すると損な状態	原資産価格 ＜行使価格	原資産価格 ＞行使価格

　コールオプションとプットオプションでは，それぞれの状態における原資産価格と権利行使価格の大小関係が逆となります。

3つの概念のちがいは，損か得かで理解する

3つの概念と本源的価値の関係（コールオプションの場合）

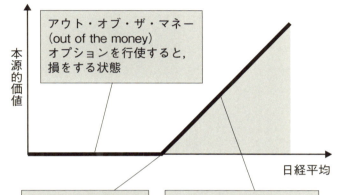

アウト・オブ・ザ・マネー
（out of the money）
オプションを行使すると，
損をする状態

アット・ザ・マネー
（at the money）
行使をしても，
損も得もしない状態

イン・ザ・マネー
（in the money）
オプションを行使すると，
得な状態

今，行使すると，
損か得かを考えれば，
直感的にどの状態か
わかるぞ。

6-7 オプション価値に影響する要素①

価値に影響する要素から性質が理解できる!?

オプションの価値は，通常，ブラック・ショールズ・モデルなどのオプション価格モデルで算定されます。ここではその詳細には立ち入りませんが，オプション価値に影響する要素を考えることで，オプション価値の性質を理解できます。日経平均の場合で考えてみましょう。

<オプション価値に影響する要素とその影響>
① 日経平均の現在の価格

コールオプションの場合，購入価格が決まっているので，日経平均が上がるほど有利になります。つまり日経平均の現在の価格が上がるほどオプション価値が増加するという関係があります。プットオプションは，その逆です。

② オプションの権利行使価格

コールオプションの場合，権利行使価格が低いほど，行使した場合の利益が大きくなります。つまり，権利行使価格が低いほどコールオプションの価値は増加します。プットオプションはその逆です。

③ 満期までの期間

（アメリカン・）オプションの保有者は，本源的価値がプラスであれば，オプションを行使して利益を確保することができます。満期までの期間が長いほどさらに利益を得る可能性が上がり，オプション価値は増加します。

オプションの価値に影響を与える要素①

日経平均を買う権利(コールオプション)の価値の比較

①日経平均の現在の価格

日経平均 21000.00 **VS** 日経平均 22000.00

有利⇒ **価値大**

②権利行使価格

6/30に日経平均を20,000円で買う権利 **VS** 6/30に日経平均を19,000円で買う権利

有利⇒ **価値大**

③満期までの期間

6/1~6/30に日経平均を20,000円で買う権利 **VS** 4/1~6/30に日経平均を20,000円で買う権利

権利行使の機会が多く有利⇒ **価値大**

6-8 オプション価値に影響する要素②

ボラティリティや金利も影響を与える要素

④ 日経平均のボラティリティ（変動率）

　ボラティリティは，将来の価格の不確実性の度合いを示す指標です。価格の変動が大きいほどボラティリティ（変動率）が大きくなり，将来の不確実性が大きくなります。オプション保有者の場合，損失が生じる場合は権利を放棄すればよいのですから，将来の不確実性が上昇するほど，儲けの可能性は上がります。このため，ボラティリティが高いほど，オプションの価値は増加します。

⑤ 金利

　金利もオプション価値に影響を与える要素です。コールオプションについては，金利が上昇するほど権利行使をして将来支払うキャッシュ・フローの現在価値が小さくなるため，オプション価値が増加します。プットオプションについては，逆に金利の上昇はオプション価値を減少させる効果を持ちます。

オプションの価値に影響を与える要素②

日経平均を買う権利（コールオプション）の価値の比較

④ボラティリティ

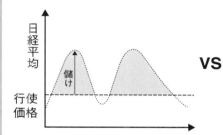 VS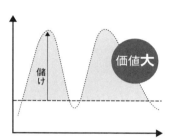

価値大

日経平均が行使価格以下の場合は，権利を放棄すればいい。
損が限定されている条件下では，変動幅が大きいほど，儲かる可能性が高く，価値が大きくなるんだ。

⑤金利

価値大

1年後の1万円の価値

金利**10%**の場合
1万円÷(1+10%)=9,090円

金利**1**%の場合
1万円÷(1+1%)=9,900円

コールオプションの場合，金利が高いほど権利行使をして，将来支払うキャッシュ・フローの現在価値が小さくなるので，オプション価値は大きくなる。

6-9 オプションの会計処理①

取引時と決算時の処理

オプションは，デリバティブの会計処理に関する次の2つの原則に基づいて会計処理されます。

① オプションは，時価をもって貸借対照表価額とする。
② 評価差額は，原則（※），当期の損益として処理する。

※ 例外的な処理であるヘッジ会計は，§3で扱っています。

オプションの取引時，および決算日の会計処理は下記のとおりです。

会計処理時期	オプションの買い手	オプションの売り手
取引時	現金を払ってオプションを購入。 ⇒購入したオプションを資産として認識。	オプションを売却し現金を受け取る。 ⇒売却したオプションを負債として認識。
決算日	期末の時価を資産として認識し，取引時の購入価額との差額を評価損益として認識。	期末の時価を負債として認識し，取引時の売却価額との差額を評価損益として認識。

オプションの買い手の会計処理

■設例

20,000円を行使価格とする日経平均コールオプションを200円で購入。直近の決算日にオプション価値は50円まで下落している。

仕訳例の前提となるオプションの価値と日経平均の推移

	オプションの価値	日経平均
取引時	200円	20,100円
決算日	50円	19,900円

◎取引時

（借）オプション資産	200	（貸）現金預金	200

買い手は購入したオプションを資産として認識。

◎決算日

（借）デリバティブ損益	150	（貸）オプション資産	150

取引時の取引額と決算日の時価との差額を評価損益として認識。
（取引時のオプション価格200円－決算日のオプション価格50円＝150円）

同じオプションの売り手は買い手と反対の会計処理になります。

6-10 オプションの会計処理②

権利行使するか否かで処理が変わる

オプションの場合，買い手が権利放棄する場合と権利行使する場合があり，それぞれで会計処理が変わります。

オプションの買い手の行動	オプションの買い手	オプションの売り手
権利放棄をする場合	オプション簿価が損失となる。	オプション簿価が利益となる。
権利行使をする場合	行使価格と時価の差額を受け取り，オプション簿価との差額を利益として認識。	行使価格と時価の差額を支払い，オプション簿価との差額を損失として認識。

なお，オプションの決済方法には，満期日の「権利行使」と「権利放棄」の他に，「反対売買」があります。アメリカン・オプションの場合には満期日前の「権利行使」の方法もあります。いずれも，満期日の権利行使時の会計処理と同じように，受払いした現金とオプション簿価との差額を損益として認識します。

オプションを権利行使・権利放棄した場合の会計処理

■設例

20,000円を行使価格とする日経平均コールオプションを200円で購入。直近の決算日にオプション価値は50円まで下落している。
(§6-9からの続き)

仕訳例の前提となる満期日のオプションの価値と日経平均

	オプションの価値	日経平均
(ケース1) 行使価格＞日経平均の場合	0円	19,800円
(ケース2) 行使価格＜日経平均の場合	250円	20,250円

◎満期日

(ケース1) 権利を放棄する

(借) デリバティブ損益	50	(貸) オプション資産※1	50

※1　50＝200－150

買い手は権利行使しないため、認識していたオプション資産の金額が損益として認識される。

(ケース2) 権利を行使する

(借) 現金預金	250	(貸) オプション資産	50
		デリバティブ損益※2	200

※2　200＝(20,250－20,000)－(200－150)

買い手は権利行使するため、認識していたオプション資産と、権利行使して即日満期日時価で処分したことによる損益の金額の差額が損益として認識される。

6-11 ノックアウトとノックイン

権利が出現したり消滅したりするオプション

　オプションには，原資産の価格が一定の水準に達した時に**権利が発生する**，または**消滅する**という，特殊な条件が付いたものがあります。

ノックアウトオプション	原資産の価格が一定の水準に達した時に**権利が消滅する**オプション
ノックインオプション	原資産の価格が一定の水準に達した時に**権利が発生する**オプション

　オプションの4要件に，ノックイン価格の条件が追加されたノックインオプションを考えてみましょう。

A　あらかじめ定められた期日に（いつ）	X1年6月30日
B　特定の商品を（なにを）	日経平均
C　あらかじめ定められた価格で（いくらで）	20,000円
D　売る（または，買う）	買う
E　ノックイン価格	21,000円

　通常のオプションであれば，期日である6月30日の日経平均が，権利行使価格である20,000円より高い場合，権利を行使（20,000円支払って日経平均を購入）して即時に売ることで差額が儲かります。

　ノックインオプションの場合，期日までに一度も21,000円を上回らない場合は，期日に20,000円を上回っていても権利を行使できず，利益を得られません。

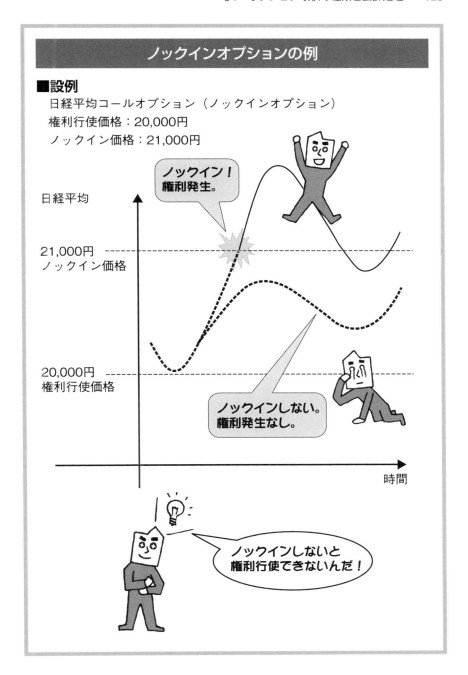

6-12 金利オプションとは

金利変動に対する保険の役割

　オプションの一種に金利オプションがあります。これは，金利の変動に限度を設ける保険のようなものです。金利オプションは3種類（キャップ，フロアー，カラー）ありますが，その1つで金利に上限を付すものを「**キャップ**」といいます。

　たとえば変動金利の借入れをしたが一定率以上の金利負担は回避したい場合，金利キャップ（上限金利を設定し，実際金利が上限金利を超えた場合，差額を受け取る権利）をオプション料を支払い購入することで対応できます。つまり金利キャップは，実質的に金利が一定率以下におさまる保険をかけたような効果があるのです。

　キャップの逆で金利に下限を付すものとして「**フロアー**」があります。たとえば，変動金利の預金や債券の利息収入を一定率以上は確保したい場合，金利フロアー（下限金利を設定し，実際金利が下限金利を下回った場合，差額を受け取る権利）をオプション料を支払い購入することで対応できます。

　キャップは頭にかぶるもので上限，フロアーは床なので下限と覚えておくとよいですね。

金利キャップ	金利が一定水準を超えて上昇した場合の金利負担の増加を回避
金利フロアー	金利が一定水準を超えて下落した場合の利息収入の減少を回避

金利キャップ付ローンの実質的な金利負担は？

例 変動金利の借入れをしたが，5％以上の金利は回避したい。
➡ 上限金利5％の金利キャップを購入

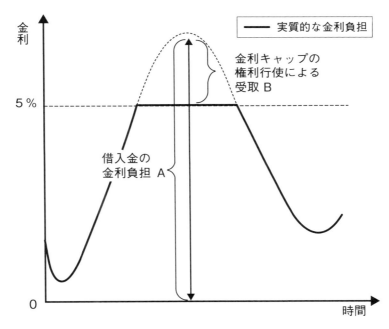

実質的な金利負担は
「A－B」。
前もって保険料を支払うことで，
金利が5％を超えていても5％の
負担ですむんだ！

6-13 金利カラー取引とは

金利キャップと金利フロアの組み合わせ

　変動金利の借入れをした時に，一定以上の金利の上昇のリスクは回避したいが，金利キャップの**オプション料は払いたくない**という場合があります。この場合には「カラー」取引を使用するのが適切です。

　「**カラー**」とは，金利キャップの**購入**と金利フロアの**売却**を組み合わせた取引です。購入と売却を組み合わせた結果，金利キャップ購入のオプション料（支払い）が金利フロア売却のオプション料（受取り）で相殺され，結果，**オプション料を支払う必要がなくなります**。

　ただし，基準金利がフロアで設定した基準（右頁の例だと3％）を下回った場合も，基準金利で計算される借入金の支払利息とは別に，基準金利とフロア金利の差額を支払わなければならない（実質金利は3％にとどまる）ため，金利低下のメリットの一部を受けられなくなります。

　同様に，金利キャップの売却と金利フロアの購入の組み合わせによる金利カラー取引は，預金や債券の利息収入を一定水準確保する一方，一定以上の金利上昇によるメリットの一部を放棄する取引です。

　このように，金利カラーは負担するオプション料を軽減する（一般的にはゼロとする）代わりに，金利低下（または金利上昇）のメリットの一部を放棄する取引です。

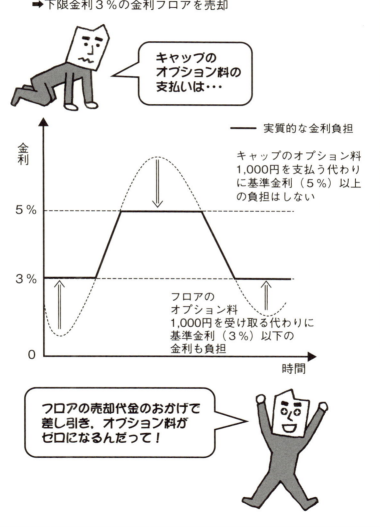

6-14 オプションの取引戦略

オプションのさまざまな取引戦略

最後に投機目的のオプション取引戦略の例を2つ見てみましょう。

<オプション取引戦略の例>
① 価格が上がるか下がるかわからないが，相場が大きく動くことを予想している。

　同じ行使価格のコールオプションとプットオプションを同単位ずつ購入することにより，上昇か下落かを問わず，相場が大きく動いた場合にコール，プットのいずれかの価値が大きく増加するため利益を得ることができます。一方，相場が大きく動かなかった場合には，コールとプットのオプション料分の損失が発生します。

　右頁の取引戦略の場合を見てみましょう。たとえば，為替相場が100円（権利行使価格より10円円高）となった場合，コールは権利放棄し，プットは権利行使をします。この結果オプション料を差し引いても利益を得ることができます。逆に120円となった場合（10円円安）も合計で利益を得ることができます。一方，相場変動がなく，為替相場が110円だった場合，コールとプットのオプション料が損失となります。つまり，為替相場が大きく動きコールかプットのいずれかの利ざやが両オプション料を上回る場合は利益が得られるのです。

　これは高いボラティリティ（§6-8）を予想している場合に適した戦略です。この取引戦略を，「ロングストラドル」といいます。

ロングストラドルとは？

■相場の予想
価格が上がるか下がるかわからないが，相場が大きく動くことを予想している。上がっても下がっても利益を出したい。

■取引戦略
⇒ロングストラドル
（同じ行使価格のコールとプットを同単位ずつ購入する取引戦略）

■設例
行使価格110円のドル円通貨オプション
　①ドル売りのプットオプションを2円で10,000単位購入 ―・―
　②ドル買いのコールオプションを3円で10,000単位購入 ‥‥‥

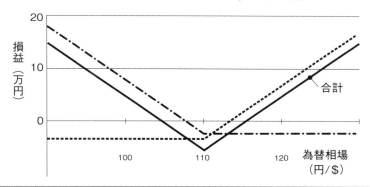

為替相場 (円/$)	権利行使または放棄		損益
	プット (ドル売り)	コール (ドル買い)	
100	権利行使	権利放棄	プット：(110−100)×10,000−20,000 　　　＝8万円 コール：▲3万円 合計：5万円
110	権利放棄	権利放棄	プット：▲2万円 コール：▲3万円 合計：▲5万円
120	権利放棄	権利行使	プット：▲2万円 コール：(120−110)×10,000−30,000 　　　＝7万円 合計：5万円

② 価格の上昇を予想しているが，相場が大きく動くことを予想していない。下がる可能性もあり，下がった時の損失を軽減したい。

　行使価格の低いコールオプションの買いと，行使価格の高いコールオプションの売りを同単位ずつ行うことにより，価格が上がった時の利益を期待しつつ下がった時の損失を限定できるコールオプション購入のメリットを受けながら，さらにオプション料の負担も軽減できます。ただし，価格がどんなに上がっても利益は一定額までに限られ，また価格が下がった時の損失がゼロにはなりません。

　これは，相場の上昇を予想しつつ，下落の場合の損失も抑えたい場合に適した戦略です。この取引戦略を「ブルスプレッド」といいます。

■取引戦略

　⇒ブルスプレッド

　（行使価格の高いコールオプションの売りと，行使価格の低いコールオプションの買いを同単位ずつ行う取引戦略）

■設例

　行使価格100円のドル買いのコールオプションを3円で10,000単位購入（‥‥‥‥）

　行使価格110円のドル買いのコールオプションを2円で10,000単位売却（—・—・—）

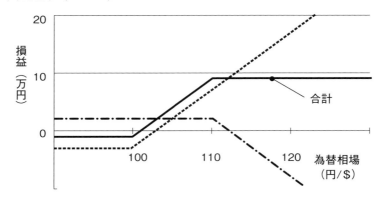

§7 スワップ取引の種類と会計処理

スワップ取引とは，一定条件の下で金利や為替相場，商品価格等により決定されるお金を交換する取引です。

§7では，金利スワップと通貨スワップに焦点を当て，どういった考えの下，会計処理がなされるのかをご説明します。

7-1 スワップ取引とは

スワップ取引は"交換"取引

　同額（1,000万円）の借入金があるAさんとBさんがいたとします。固定金利で借入れを行っているAさんは金利の低い変動金利にしたいと，逆に，変動金利で借りているBさんは今後の金利動向を考え固定金利にしたいと考えています。しかし，途中で条件を変更できない借入契約の場合，お互いに我慢するしかないのでしょうか？

　このような場合に，**スワップ取引**が役に立ちます。

　AさんとBさんがお互いの支払利息を交換するスワップ契約を結ぶと，Aさんの利息の受払いは以下のようになります。

利息の受払い	金額	
①銀行への支払い	△20万円	（1,000万円×固定金利2.0%）
②Bさんからの受取	＋20万円	（1,000万円×固定金利2.0%）
③Bさんへの支払い	**△12万円**	（1,000万円×変動金利1.2%）
合計	**△12万円**	

　スワップ契約による金利の交換（②および③）により，Aさんは実質的に変動金利に基づく利息額を支払えばよい，つまり，希望していた変動金利に変更を行ったのと同じ効果を得ることができました。

　このように，一定条件のもと，取引相手との間で金利，為替相場，商品価格等により決定されるお金（このケースでは利息）を**交換する取引**を**スワップ取引**といいます。

§7 スワップ取引の種類と会計処理　133

利息を「交換」する

1,000万円の借入金
固定金利
2.0％
Aさん

「少しでも金利を安くしたいなぁ」

1,000万円の借入金
変動金利
1.2％
Bさん

「金利が上がりそうだ。固定金利にしたいなぁ」

そこで、**金利を交換**する契約を結ぶ

スワップ契約書
- AはBに変動金利に基づく利息を支払う。
- BはAに固定金利（2.0％）に基づく利息を支払う。

【スワップ契約後の利息の受払い】

①支払△20万円
（1,000万円×2％）

②受取＋20万円
（1,000万円×2％）

交換

Aさん　③支払△12万円　Bさん
（1,000万円×1.2％）

①＋②＋③＝△12万円
（1.2％の変動金利に変えたのと同じ効果）になった!!

7-2 スワップ取引の種類とメリット・デメリット

代表例は「金利スワップ」と「通貨スワップ」

■スワップ取引の種類

スワップ取引は相対取引で行われるケースが多いことから、当事者間の合意さえあれば、さまざまな対象物の交換取引を行うことが可能です。

代表的な例としては、金利スワップと通貨スワップが挙げられます。金利スワップは「**異なる金利**」から生じるお金を交換するスワップ取引であり、通貨スワップは「**異なる通貨**」から生じるお金を交換するスワップ取引です。

■スワップ取引のメリット・デメリット

適切なスワップ取引を行うことで、金利変動リスクや為替変動リスクなど、種々のリスクを軽減することが可能になります。そのため、多くの企業がリスクヘッジ目的でスワップ取引を利用しています。

ただし、いったん契約すれば、仮に不利な状況に陥っても自由に解約できません。長期契約の場合（例：長期借入金の金利スワップ）、不利な状況が長く続く可能性もあります。したがって、契約前に十分な検討を行うことが重要です。

> **Key Word　相対取引**
> 市場を通さず、当事者間で行う取引のことを指します。通貨先物取引のように市場で取引するデリバティブもありますが、相対取引で行われるデリバティブも多くあります。

主なスワップ取引

種類	内容・特徴
金利スワップ	「異なる金利」から生じるお金を交換するスワップ取引。固定金利⇔変動金利の交換など。
通貨スワップ	「異なる通貨」から生じるお金を交換するスワップ取引。米ドル建債務と円建債務の交換など。

スワップ取引のメリット・デメリット

メリット
・会社の意図（ヘッジ目的や投機目的）に沿った経済的効果が生じる。
・取引条件を柔軟に交渉することができる。

デメリット
・不利な状況になっても、自由に解約できない。

7-3 金利スワップとは

金利を交換する！

　金利スワップは，**異なる金利から生じるお金を交換**する取引です。金利の変動により貸付金や借入金等の利息が変動するリスクや債券の価格が変動するリスクを回避する目的等で用いられます。

　右頁の設例をもとに金利スワップの典型例を見てみましょう。

意図	金利スワップの取引例
変動金利の借入金について，金利変動リスクを避けるため，固定金利にしたい。	変動金利から生じる利息を受け取り，固定金利から生じる利息を支払うスワップ取引を行う。

　当初の借入に基づく変動金利の利息は，スワップ取引により受け取る変動金利の借入利息で相殺され，結果的に固定金利の支払いが残ることになります。実質的に固定金利による借入と同じになっているのがわかりますね。

　なお，上記のように，金利スワップは変動金利と固定金利など異なる種類の金利交換が典型例ですが，変動金利同士（たとえばLIBORとTIBOR）を交換する金利スワップもあります。

> **Key Word　想定元本**
> 　金利スワップでは元本自体の交換を行いませんが，受払する利息等を計算するための名目上の元本を「想定元本」と呼びます。

金利スワップの典型例

■前提

1. 会社は銀行より借入を行った。
   借入期間：X0年4月1日～X2年3月31日（2年間）
   借 入 額：1,000万円
   金利条件：変動金利LIBOR+0.5%（年1回の後払い）
   　　　　　金利は利払日（3月末）ごとに改定する
2. 会社は，上記借入金の金利変動リスクをヘッジするため，以下の条件で金利スワップを行った。
   契約期間：X0年4月1日～X2年3月31日（2年間）
   想定元本：1,000万円
   金利条件：会社の受取…変動金利LIBOR+0.5%（年1回の後払い）
   　　　　　　　　　　　金利は利払日（3月末）ごとに改定する
   　　　　　会社の支払…固定金利2.0%（年1回の後払い）

変動金利（LIBOR+0.5%）が**固定金利**（2.0%）になった！

7-4 金利スワップの会計処理

金利スワップの会計処理は3パターン

金利スワップの会計処理は，以下の3パターンが考えられます。

---
① **原則的な処理**
　期末において金利スワップの**時価評価**を行い，評価損益を**当期の損益**とする。
② **繰延ヘッジ**（ヘッジ会計の原則法）
　期末において金利スワップの**時価評価**を行い，評価損益を**繰り延べる**（§3参照）。
③ **特例処理**（ヘッジ会計の例外的方法）
　期末において金利スワップの時価評価を行わず，金利スワップも含めた金銭の受払の**純額**を利息として処理する（§7-5）。

　金利スワップの原則的な処理の仕訳例は右頁のとおりです。

　スワップ利息の受取金利と支払金利の差額（設例では2万円）を計上する仕訳に加えて，期末において金利スワップの時価評価を行い，損益（設例ではデリバティブ評価損3万円）を計上していることがポイントです。デリバティブ取引は時価評価が原則ですので，金利スワップについても，期末に時価を算出することになります。

　なお，金利スワップの時価は自社で計算することも可能ですが，算定が難しい場合は，契約を締結している金融機関の算定結果を利用することができます。

金利スワップの仕訳

■前提（§7－3に以下を追加）

X1年3月31日のLIBORは1.3%，金利スワップの時価は△3万円であった。

■原則的な処理の仕訳例

（単位：万円）

項目	仕訳
X0年4月1日	
スワップ契約締結時	仕訳なし
X1年3月31日	
借入利息の支払	（借）支払利息　　　　18　（貸）現金預金　　　　18(※1) （※1）1,000万円×借入金金利1.8%（LIBOR 1.3+0.5）
スワップ利息の受払	（借）デリバティブ費用　2　（貸）現金預金　　　　2(※2) （※2）1,000万円×（支払金利2.0％－受取金利1.8％） 　　　受取金利＝LIBOR1.3％+0.5％
金利スワップの時価評価	（借）デリバティブ評価損　3　（貸）デリバティブ負債　3

②の繰延ヘッジの場合は、時価評価の仕訳が
　（借方）繰延ヘッジ損益　3
　（貸方）デリバティブ負債　3
となるよ(※)。
時価評価しても、損益に反映させないところがちがうね。

※簡便化のため，税効果会計は考慮しない。

7-5 金利スワップの特例処理とは

借入金利息と金利スワップを一体として処理する

　金利スワップとヘッジ対象が一体と考えられる取引については，これらを一体として処理する，より簡便的な特例処理という方法が認められています。

＜要件＞
①金利の受払を交換することを目的とした金利スワップである。
②金利スワップとヘッジ対象がヘッジ会計の要件を満たしている。
③金利スワップとヘッジ対象の**各条件がほぼ同一**である。
＜会計処理＞
金銭等の受払の**純額**を支払（または受取）利息として処理する。

　金利スワップの特例処理の仕訳例は右頁のとおりです。

　特例処理を適用した場合，借入利息の支払とスワップ利息の受払の純額，つまり，実際に支払った（または受け取った）金額を利息として計上する仕訳となります。**§7-4**の原則的な処理のように期末に金利スワップを時価評価する必要はなく，とても単純な会計処理となります。

　上記の要件を満たす金利スワップについては，金利スワップとヘッジ対象が一体と考えられるため，ヘッジ会計の例外的な方法としてこのような処理が認められています。

　§7-6では，上記の要件③について，「**各条件がほぼ同一**」と認められるための具体的な要件を確認します。

金利スワップの特例処理

■前提（§7－3に以下を追加）

X1年3月31日のLIBORは1.3％であった。
会社は，金利スワップの特例処理を採用する。

■特例処理の仕訳例

（単位：万円）

項目	仕訳
X0年4月1日	
スワップ契約締結時	仕訳なし
X1年3月31日	
借入利息の支払	（借）支払利息　20　（貸）現金預金　20 (※)
スワップ利息の受払	
金利スワップの時価評価	仕訳なし

（※）　1,000万円×（借入金金利△1.8％＋スワップ受取金利1.8％＋スワップ支払金利△2.0％）
　　　借入金金利およびスワップ受取金利＝LIBOR1.3％＋0.5％

時価評価の必要がなくて楽ちん！

7-6 特例処理が使える要件

6つの要件を満たす必要がある

　特例処理の適用に際し，金利スワップとヘッジ対象の「各条件がほぼ同一」と認められるための**具体的要件は以下の6つ**です。例外的な会計処理を認める条件として，全ての要件を満たす必要があります。

① 金利スワップの想定元本とヘッジ対象の元本金額がほぼ一致（5％以内の差）すること。
② 金利スワップの契約期間とヘッジ対象の満期がほぼ一致（5％以内の差）すること。
③ ヘッジ対象の金利が変動金利である場合には，その基礎となるインデックスが金利スワップで受払される変動金利の基礎となるインデックスとほぼ一致すること。
④ 金利スワップとヘッジ対象の金利改定間隔が，ほぼ一致（3か月以内の差）すること。
⑤ 金利スワップの受払条件がスワップ期間を通じて一定であること。
⑥ 金利スワップに期限前解約オプション，支払金利のフロアーまたは受取金利のキャップ（§6-12参照）が存在する場合には，**ヘッジ対象に含まれた同等の条件を相殺するためのものであること**。

　この6要件を満たした金利スワップ取引は自動的にヘッジ有効性の要件を満たし，改めて有効性の判定を行う必要はないとされています。

 Key Word インデックス

　指標や指数を意味します。変動金利の代表的な指標としては，LIBORやTIBOR等があります。

特例処理の要件のあてはめ

■前提（§7-3と同様）

■判定結果

要件	金利スワップ	ヘッジ対象（借入金）	判定
①	1,000万円	1,000万円	一致している
②	X0年4月1日〜X2年3月31日	X0年4月1日〜X2年3月31日	一致している
③	LIBOR	LIBOR	一致している
④	年1回（3月末）	年1回（3月末）	一致している
⑤	受払条件は一定	ー	一定である
⑥	含んでいない	含んでいない	該当なし

⇒判定の結果，①〜⑥について，一致している，一定である，または該当なしのため，特例処理の要件を満たす！

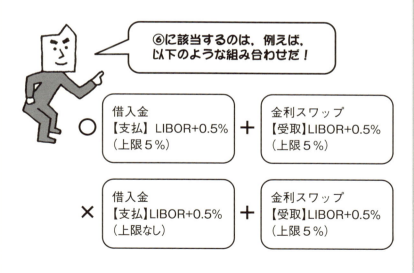

⑥に該当するのは，例えば，以下のような組み合わせだ！

○　借入金【支払】LIBOR+0.5%（上限5%）　＋　金利スワップ【受取】LIBOR+0.5%（上限5%）

×　借入金【支払】LIBOR+0.5%（上限なし）　＋　金利スワップ【受取】LIBOR+0.5%（上限5%）

7-7 通貨スワップとは

通貨を交換する！

　通貨スワップは，**異なる通貨から生じるお金を交換**する取引です。為替相場の変動により保有する外貨建金銭債権債務等から為替差損益が生じるリスクを回避する目的等で用いられます。為替相場の変動によるリスクを回避するという目的は為替予約等と同じですが，通貨スワップは当事者間で合意すれば，為替レート（スワップレート）や諸条件を柔軟に決定できるという特徴があります。

　右頁の設例をもとに通貨スワップの典型例を見てみましょう。

意図	通貨スワップの取引例
海外で発行したドル建社債の為替変動リスクを回避したい	ドル建社債の元本と利息を円建の元本と利息に交換する通貨スワップ取引を行う

　スワップ契約により，当初元本交換時の為替レート（スワップレート）だけでなく，利息支払時や元本償還時の為替レートも確定したため，為替の影響を受けなくなっている，つまり，実質的な円建社債になっているのがわかりますね。

　なお，典型例のように元本および利息を交換する通貨スワップだけでなく，利息（クーポン）のみを交換する通貨スワップもあり，このような通貨スワップは「クーポンスワップ」と呼ばれています。

通貨スワップの取引例

■前提

1. 会社はドル建の社債を発行した。
    発行期間：X0年4月1日～X2年3月31日（2年間）
    発　行　額：10万ドル
    社債利息：1万ドル（利率10％　3月末支払）
    発行時の為替レート：1＄＝110円
2. 会社は，上記社債の為替変動リスクをヘッジするため，X0年4月1日に通貨スワップ契約を締結した。契約時の為替レートは1＄＝110円，スワップレートは下表のとおり。なお，スワップレートには契約時の金利相場であるドル10％，円5％の利率が反映されている。

内容	時期	スワップレート	受取	支払
当初元本交換	X0年4月1日	1＄＝110円	1,100万円	10万ドル
利息交換	X1年3月31日	1＄＝105円	1万ドル	105万円
利息交換	X2年3月31日	1＄＝100円	1万ドル	100万円
元本償還			10万ドル	1,000万円

■X0年4月1日のお金の流れ

実質的に円建社債を発行したのと同じになった！

7-8 通貨スワップの会計処理

通貨スワップの会計処理は3パターン

通貨スワップの会計処理は，以下の3パターンが考えられます。

> ① **原則的な処理**
>   期末において通貨スワップの**時価評価**を行い，評価損益を**当期の損益**とする。
> ② **繰延ヘッジ処理**（ヘッジ会計の原則的処理）
>   期末において通貨スワップの**時価評価**を行い，評価損益を**繰り延べる**（第3章参照）。
> ③ **振当処理**（ヘッジ会計の例外的処理）
>   通貨スワップの対象となる外貨建債権債務を，通貨スワップ満了時の交換レートで換算し，その発生時の為替レートによる円換算額と通貨スワップによる円貨額との差額を「**直々差額**」と「**直先差額**」に区分して処理する。

通貨スワップの**原則的な処理**の仕訳例は右頁のとおりです。

社債利息の支払と通貨スワップの受払（利息）の仕訳を合計すると，契約したスワップレート（X1年3月31日は1＄=105円，X2年3月31日は1＄=100円）で利息を支払ったのと同じ結果となり，為替変動リスクが回避されているのがわかりますね。

また，期末において通貨スワップの**時価評価**を行い，評価損益を当期の損益としている点もポイントであり，金利スワップの原則的な処理と同様です。

§7 スワップ取引の種類と会計処理　147

通貨スワップの仕訳（原則的な処理）

■前提（§7-7に以下を追加）

- X1年3月31日の直物為替レートは1＄=107円，通貨スワップの時価は20万円であった。
- X2年3月31日の直物為替レートは1＄=99円であった。

■原則的な処理の仕訳例

（単位：万円）

項目	仕訳
X0年4月1日	
社債発行・スワップ契約締結時	（借）現金預金　　1,100　（貸）社債　　1,100
X1年3月31日	
社債利息の支払	（借）社債利息　　107 [※1]　（貸）現金預金　　107 [※1] （※1）1万ドル×直物為替レート（1＄=107円）=107万円
通貨スワップの受払（利息）	（借）現金預金　　2 [※2]　（貸）デリバティブ収益　　2 [※2] （※2）受取額107万円－支払額105万円＝2万円（受取） ・受取額：1万ドル×直物為替レート（1＄=107円）=107万円 ・支払額：1万ドル×スワップレート（1＄=105円）=105万円
通貨スワップの時価評価	（借）デリバティブ資産　　20　（貸）デリバティブ評価益　　20
X1年4月1日	
通貨スワップの洗替処理	（借）デリバティブ評価益　　20　（貸）デリバティブ資産　　20
X2年3月31日	
社債利息の支払	（借）社債利息　　99 [※3]　（貸）現金預金　　99 [※3] （※3）1万ドル×直物為替レート（1＄=99円）=99万円
通貨スワップの受払（利息）	（借）デリバティブ費用　　1 [※4]　（貸）現金預金　　1 [※4] （※4）受取額99万円－支払額100万円＝1万円（支払） ・受取額：1万ドル×直物為替レート（1＄=99円）=99万円 ・支払額：1万ドル×スワップレート（1＄=100円）=100万円
通貨スワップの受払（元本）	（借）現金預金　　990 [※5]　（貸）現金預金　　1,000 　　　デリバティブ費用　　10 （※5）10万ドル×直物為替レート（1＄=99円）=990万円

※社債の換算及び社債の償還仕訳は省略しています。

7-9 振当処理が使える要件

為替予約型または直先フラット型

　通貨スワップがヘッジ会計の要件を満たす場合，為替予約と同様に振当処理を採用することができます。ただし，通貨スワップは相対取引であり，当事者間の合意により契約の諸条件を調整することが可能であるという特徴があるため，**①為替予約型または②直先フラット型に限り，振当処理**が認められています。

①　**為替予約型** 　契約満了日の契約レートが，契約満了日を期日とする為替予約を行った場合のレートと同等と認められる取引。
②　**直先フラット型** 　通貨スワップ契約時における直物レートと通貨スワップ契約満了時の契約レートが同額である取引。

　直先フラット型は，スワップ締結日と満了日のレートが同一，すなわち，**直先差額**が発生しないこともポイントです。なお，交換する通貨の金利相場が異なるにも関わらず直先差額をゼロにした影響は，利息支払時のスワップレート等で調整されることになります（**§7-13参照**）。

§7 スワップ取引の種類と会計処理　149

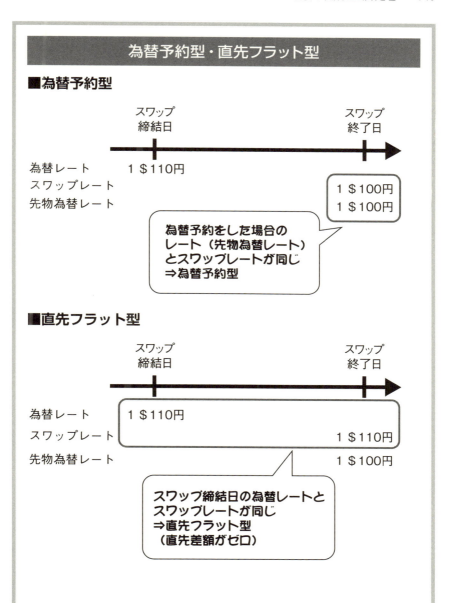

7-10 通貨スワップ(為替予約型)の会計処理①

為替予約と同様の処理方法

まずは為替予約型の会計処理を見ていきます。会計基準では,為替予約型について以下の3つが示されています。

> ① **為替予約と同様**の処理方法
> ② 利息相当額を**利息法**で配分する方法
> ③ 利息相当額を**定額法**で按分する方法

各方法の違いは,**直先差額の配分方法**にあります。直先差額はスワップ期間にわたり**合理的な方法**で**期間配分**するのですが,その配分方法が異なるのです。

① 為替予約と同様の処理方法

この方法は,社債に為替予約を付したのと同じであるとの考え方に基づき,社債を**元本償還時のスワップレート**(設例では1 $=100円)で換算します。この結果生じた発行時の入金額との差額は**長期前受収益**とし,スワップ期間にわたり単純に期間按分して,利息の調整項目として処理します。

社債利息についても,通貨スワップ契約を為替予約とみなして,外貨建の社債利息を各支払日におけるスワップレートで換算して計上します。

通貨スワップの振当処理(為替予約と同様の処理方法)

■前提(§7-7と同様)

■仕訳例
(単位:万円)

項目	仕訳			
X0年4月1日				
社債発行・スワップ契約締結時	(借)現金預金 1,100 (※1)	(貸)社債 1,000 (※2)		
		長期前受収益 100 (※3)		
	(※1) 10万ドル×当初交換時のスワップレート(1$=110円)			
	(※2) 10万ドル×元本償還時のスワップレート(1$=100円)			
	(※3) 差額			
X1年3月31日				
社債利息の支払	(借)社債利息 105 (※4)	(貸)現金預金 105 (※4)		
	(※4) 1万ドル×スワップレート(1$=105円)			
長期前受収益の期間按分	(借)長期前受収益 50 (※5)	(貸)社債利息 50 (※5)		
	(※5) 100万円÷2年間(スワップ期間)			
X2年3月31日				
社債利息の支払	(借)社債利息 100 (※6)	(貸)現金預金 100 (※6)		
	(※6) 1万ドル×スワップレート(1$=100円)			
長期前受収益の期間按分	(借)長期前受収益 50 (※5)	(貸)社債利息 50 (※5)		
社債の償還	(借)社債 1,000	(貸)現金預金 1,000		

この設例では,「社債発行時の為替レート」と「通貨スワップ契約時の為替レート」はどちらも同じ(1$=110円)で直々差額が生じないから,仕訳には出てこないよ。

7-11 通貨スワップ（為替予約型）の会計処理②

利息相当額を利息法で配分する方法

　為替予約型の振当処理の残りの2つは利息相当額を配分する会計処理ですが、利息の配分方法には**利息法**と**定額法**の2通りがあります。利息法は厳密な計算方法であり、実質元本に実質利率を乗じることで実質利息を計算します。実質利率は一定ですが実質元本が徐々に減少していくため、利息は逓減します。一方、定額法は簡便的な計算方法であり、利息が一定金額になるよう計算します。

　なお、いずれの方法も計算が複雑になることがあるため、設例のように利息を計算するための表を事前に作成しておくことが考えられます。

② 利息相当額を利息法で配分する方法

　この方法では、社債を償還額で計上（1,000万円＝10万ドル×100円/$）しますが、現金として流入した円貨（1,100万円＝10万ドル×110円/$）を**実質的な元本**と考えます。そのうえで、社債以外の部分をスワップ契約に伴う負債（スワップ未払金）として取り扱います。

　社債利息の支払額は、外貨建の社債利息をスワップレートで換算した額となりますが、全額を社債利息とはしません。現金で流入した「円建の実質元本」に「円金利」を乗じた額（円建で1,100万円の資金調達を行った場合に支払う利息）を社債利息とします。この結果生じる「支払額」と「実質利息」の差額は、スワップ未払金の支払い（実質元本の返済）として処理します。

§7 スワップ取引の種類と会計処理　153

通貨スワップの振当処理（利息法で配分する方法）

■前提（§7－7と同様）

【会計処理のための計算表】
(単位：万円)

	利息支払額	実質利息	元本返済	実質元本
	①＝ドル建利息額×スワップレート	②＝前期残高×実質利率	③＝①－②	④＝前期残高－③
X0年4月1日			⑥5％	1,100 ⑤
X1年3月31日	105	55	50	1,050
X2年3月31日	100	50	50	1,000

⑤　10万ドル×契約時の為替レート（1＄＝110円）
⑥　契約時の円金利相場に反映されている実質利率。1,100×5％＝55

■仕訳例

(単位：万円)

項目	仕訳
X0年4月1日	
社債発行・スワップ契約締結時	（借）現金預金　1,100 (※1)　（貸）社債　1,000 (※2) 　　　　　　　　　　　　　　　　スワップ未払金　100 (※3) （※1）10万ドル×当初交換時のスワップレート（1＄＝110円） （※2）10万ドル×元本償還時のスワップレート（1＄＝100円） （※3）差額
X1年3月31日	
社債利息の支払	（借）社債利息　55 (※4)　（貸）現金預金　105 (※5) 　　　スワップ未払金　50 (※4) （※4）会計処理のための計算表より，社債利息＝実質利息，スワップ未払金＝元本返済 （※5）1万ドル×スワップレート（1＄＝105円） 　　　＝会計処理のための計算表の利息支払額
X2年3月31日	
社債利息の支払	（借）社債利息　50 (※6)　（貸）現金預金　100 (※7) 　　　スワップ未払金　50 (※6) （※6）会計処理のための計算表より，社債利息＝実質利息，スワップ未払金＝元本返済 （※7）1万ドル×スワップレート（1＄＝100円） 　　　＝会計処理のための計算表の利息支払額
社債の償還	（借）社債　1,000　（貸）現金預金　1,000

7-12 通貨スワップ（為替予約型）の会計処理③

利息相当額を定額法で配分する方法

③ 利息相当額を定額法で配分する方法

この方法では、円換算後の利払総額（設例ではX1年3月31日の105万円とX2年3月31日の100万円を合計した205万円）をスワップ期間で単純按分して利息を計算します。設例では、スワップ期間は2年間で、1年間の利息は102.5万円（205万円÷2年）になります。

このように計算された利息と実際の支払額の差額は、スワップ預託金（最終的にゼロになります）として調整します。なお、社債計上額と入金額の差である長期前払費用の処理は、為替予約として処理する方法と同様に、スワップ期間にわたり単純に期間按分して、利息の調整項目として処理します。

§7-10～7-12で見てきた為替予約型通貨スワップの振当処理の会計処理について、主な違いをまとめると以下のようになります。

計算方法	直先差額の取扱い	利息の計算方法
為替予約と同様の方法	スワップ期間にわたり単純按分し、利息の調整項目とする	外貨建利息額×利息交換時のスワップレート
利息法で配分する方法	スワップ未払金として、利息支払額と利息法により計算された利息の調整項目とする	実質元本×実質金利
定額法で配分する方法	スワップ期間にわたり単純按分し、利息の調整項目とする	円換算後の利払総額÷スワップ期間

通貨スワップの振当処理（定額法で配分する方法）

■前提（§7－7と同様）

【会計処理のための計算表】

(単位：万円)

	利息支払額 ①＝ドル建利息額×スワップレート	社債利息 ②＝⑤÷スワップ期間（2年間）	スワップ差額 ③＝①－②	長期前受収益 ④＝⑥÷スワップ期間（2年間）
X0年4月1日				
X1年3月31日	105	102.5	2.5	50
X2年3月31日	100	102.5	△2.5	50
	205	⑤		

⑥　10万ドル×（当初交換のスワップレート－償還時のスワップレート）

■仕訳例

(単位：万円)

項目	仕訳
X0年4月1日	
スワップ契約締結時	（借）現金預金　　1,100 (※1)　　（貸）社債　　　　　1,000 (※2) 　　　　　　　　　　　　　　　　　　　　長期前受収益　　100 (※3) （※1）10万ドル×当初交換時のスワップレート（1＄＝110円） （※2）10万ドル×元本償還時のスワップレート（1＄＝100円） （※3）差額
X1年3月31日	
社債利息の支払	（借）社債利息　　　102.5 (※4)　（貸）現金預金　　　　105 (※5) 　　　通貨スワップ預託金　2.5 (※4) （※4）会計処理のための計算表のスワップ差額より （※5）1万ドル×スワップレート（1＄＝105円）
長期前受収益の期間按分	（借）長期前受収益　50 (※6)　（貸）社債利息　　　　50 (※6) （※6）100万円÷2年間（スワップ期間）
X2年3月31日	
社債利息の支払	（借）社債利息　　　102.5 (※7)　（貸）現金預金　　　　100 (※8) 　　　　　　　　　　　　　　　　　　　　通貨スワップ預託金　2.5 (※7) （※7）会計処理のための計算表のスワップ差額より （※8）1万ドル×スワップレート（1＄＝100円）
長期前受収益の期間按分	（借）長期前受収益　50 (※9)　（貸）社債利息　　　　50 (※9) （※9）100万円÷2年間（スワップ期間）
社債の償還	（借）社債　　　1,000　　（貸）現金預金　　　1,000

7-13 通貨スワップの振当処理（直先フラット型）

利息相当額を利息法で配分する方法

次に直先フラット型の会計処理を見てみましょう。

■**前提**
1. 会社はドル建の社債を発行した。
   発行期間：X0年4月1日～X2年3月31日（2年間）
   発行額：10万ドル
   社債利息：1万ドル（利率10％　3月末支払）
2. 会社は，上記社債の為替変動リスクをヘッジするため，以下の条件で通貨スワップを行った。契約時の為替レートは1＄＝110円，スワップレートには契約時の金利相場であるドル10％，円5％の利率が反映されている。

内容	時期	スワップレート	受取	支払
当初元本交換	X0年4月1日	1＄＝110円	1,100万円	10万ドル
利息交換	X1年3月31日	1＄＝55円	1万ドル	55万円
利息交換	X2年3月31日	1＄＝55円	1万ドル	55万円
元本償還		1＄＝110円	10万ドル	1,100万円

　前提となる設例は§7-7とほぼ同じですが，スワップ契約の内容が直先フラット型，すなわち，**当初元本交換時のスワップレートと元本償還時のスワップレートが同一**になっています（§7-9参照）。

　会計処理としては，社債を**元本償還時のスワップレート**（設例では1＄＝110円）で換算します。また，直先フラット型の利息の支払額は利息法で計算された金額となるため，利息相当額を利息法で配分する方法で計算した利息と同一になります。結果として，利息の支払額を社債利息として計上するという単純な仕訳になります。

通貨スワップの振当処理(直先フラット型)

【会計処理のための計算表】 (単位:万円)

	利息支払額	実質利息	元本返済	実質元本
	①=ドル建利息額×スワップレート	②=前期残高×実質利率	③=①-②	④=前期残高-③
X0年4月1日			⑥ 5%	1,100 ⑤
X1年3月31日	55	55	0	1,100
X2年3月31日	55	55	0	1,100

⑤ 10万ドル×償還時の為替レート(1$=110円)
⑥ 契約時の円金利相場に反映されてる実質利率(前提より)

■仕訳例

(単位:万円)

項目	仕訳
X0年4月1日	
社債発行・スワップ契約締結時	(借)現金預金 1,100 (※1) (貸)社債 1,100 (※2) (※1) 10万ドル×当初交換時のスワップレート(1$=110円) (※2) 10万ドル×元本償還時のスワップレート(1$=110円)
X1年3月31日	
社債利息の支払	(借)社債利息 55 (※3) (貸)現金預金 55 (※3) (※3) 1万ドル×利息交換時のスワップレート(1$=55円)
X2年3月31日	
社債利息の支払	(借)社債利息 55 (※4) (貸)現金預金 55 (※4) (※4) 1万ドル×利息交換時のスワップレート(1$=55円)
社債の償還	(借)社債 1,100 (※5) (貸)現金預金 1,100 (※5) (※5) 10万ドル×元本償還時のスワップレート(1$=110円)

直先差額をゼロにした影響は,利息交換時のスワップレートで調整されているよ。
実際のレートは1$=110円だけど,利息交換時のスワップレートは大きく異なる1$=55円になっているね。

COLUMN

さまざまなスワップ取引

　スワップ取引は，当事者間の合意があればさまざまな対象物の交換取引を行うことが可能です。典型的なスワップ取引の例としては，§7に登場した金利スワップや通貨スワップのほか，商品価格等を交換するコモディティスワップ，株式に関連した資産等を交換するエクイティスワップ等があります。

　それでは，これらのスワップ取引はどのくらいの規模で行われているのでしょうか。全ての取引を網羅しているわけではありませんが，日本銀行が6か月毎に公表している「デリバティブ取引に関する定例市場報告」で概要を掴むことができます。

　これによると，2015年12月末時点で想定元本の残高は48.9兆ドルあり，そのうち金利スワップが35.1兆ドルと多くの割合を占めています。このほか，通貨スワップは2.3兆ドル，コモディティスワップやエクイティスワップは全体の割合で見ると僅かであることがわかります。

＜想定元本ベースのデリバティブ取引残高＞
（店頭取引）

（出所：日本銀行「デリバティブ取引に関する定例市場報告」の調査結果（2015年12月末））

§8 複合金融商品とは

最後に複合金融商品をご紹介します。
複合というのは，複数の金融商品の組み合わせという意味です。
組み合わせたことによって，どのような商品になるのか，また会計処理はどうなるのかについて説明します。

8-1 複合金融商品とは

複合金融商品＝2種類以上の金融商品の組み合わせ

　複合金融商品とは，2種類以上の金融資産または金融負債を組み合わせて，**新たにできた金融商品**のことをいいます。複合金融商品には，以下のようなものがあります。

- 　　社債　　　＋　　新株予約権　　＝　　新株予約権付社債
　（金融資産）　　　　（金融資産）　　　　（複合金融商品）
　　→株式の交付を受ける権利がセットされた社債
- 　　借入金　　＋　　キャップ　　　＝　　キャップ付ローン
　（金融負債）　　　　（金融資産）　　　　（複合金融商品）
　　→支払金利に上限がついた借入れ

　金融商品の組み合わせ次第で複合金融商品は多種多様にできますが，大きく下記の2つに分類されます
　1　**新株予約権**と何かを組み合わせてできた複合金融商品
　2　1以外の複合金融商品
　このように，複合金融商品を「新株予約権」と組み合わせたものか否かで分類するのは，会計処理がそれぞれで異なるためです。本章では，それぞれの性質や会計処理方法について解説していきます。

複合金融商品は，元の商品の性質を合わせ持つ

■新株予約権付社債の場合

新株予約権付社債は社債と新株予約権の権利を合わせ持つ

社債の償還を受ける権利
（社債）

株式の交付を受ける権利
（新株予約権）

社債発行会社

■キャップ付ローンの場合

借入金の義務とキャップの権利を合わせ持つ

借入れを返済する義務
（借入金）

金利に上限を付ける権利
（キャップ）

銀行

元の商品の性質をつかんでいれば，組み合わせても難しくないぞ。

8-2 新株予約権
一定の条件で株式を購入できる権利

　複合金融商品の紹介の前に，その前提となる新株予約権を紹介します。**新株予約権**とは，**あらかじめ定められた条件で株式を購入できる権利**をいいます。たとえば，「1年以内に1株当たり100円で，1,000株購入できる」といった権利で，コール・オプションの一種です。権利行使時の株価が「新株予約権の取得価額＋権利行使価格」を上回っていれば，株式を割安で購入できます。

　新株予約権が行使されると，新株予約権の発行者は，権利行使者に対して新株を発行するか，自己株式を交付します。

■新株予約権の取得者側の会計処理
　新株予約権の取得者は，有価証券として保有目的に応じて以下のように会計処理します。

	売買目的有価証券	その他有価証券
発行時	取得価額で計上。	取得価額で計上。
権利行使時	「新株予約権の**時価**＋権利行使価格」で，株式に計上する。新株予約権の時価と簿価の差額は，**当期の損益**となる。	「新株予約権の**簿価**＋権利行使価格」で，株式に計上する。**損益は発生しない。**

　なお，権利を行使しないまま権利行使期間が終了した場合には，新株予約権は消滅し，当期の損失として計上します。

新株予約権の取得者側の会計処理

取得時

新株予約権1個を1,000円で取得
新株予約権の内容：1年以内に1株当たり5,000円で交付を受ける権利（1株分）

（借）有価証券（新株予約権）	1,000※1	（貸）現金預金	1,000

※1 保有目的に応じて「売買目的有価証券」か「その他有価証券」に計上

権利行使時

新株予約権の時価：1,500円
権利行使時の株価：6,500円

ケース①：新株予約権を売買目的有価証券とした場合

（借）有価証券（株式）	6,500※2	（貸）現金預金	5,000
		有価証券（新株予約権）	1,000※1
		有価証券評価益	500

※2 6,500円＝1,500円（新株予約権の時価）＋5,000円（権利行使価格）

有価証券評価益は，新株予約権の時価1,500円と簿価1,000円の差額なんだ。

ケース②：新株予約権をその他有価証券とした場合

（借）有価証券（株式）	6,000※3	（貸）現金預金	5,000
		有価証券（新株予約権）	1,000※1

※3 6,000円＝1,000円（新株予約権の簿価）＋5,000円（権利行使価格）

8-3 転換社債型新株予約権付社債

社債と新株予約権を一体として会計処理

社債に新株予約権を組み合わせた複合金融商品である新株予約権付社債には，**転換社債型新株予約権付社債**と**その他の新株予約権付社債**があります。

転換社債型新株予約権付社債とは，あらかじめ定められた価格で株式に転換することができる社債です。転換社債型新株予約権付社債の場合，社債と新株予約権が単独では存在し得ないという特徴があります。新株予約権を行使する際は，発行会社に社債を渡さなければならず，また新株予約権部分だけを譲渡することもできません。

■転換社債型新株予約権付社債の取得者側の会計処理

転換社債型新株予約権付社債の取得者は，以下のように会計処理します。

> 社債部分と新株予約権部分を分けずに，普通社債の取得に準じて処理し，新株予約権を行使したときは株式に振り替える（**一括法**）。

転換社債型新株予約権付社債は，新株予約権と社債がそれぞれ単独で存在することはないため，**社債と新株予約権を一体として会計処理**することになります。

転換社債型新株予約権付社債の取得者側の会計処理

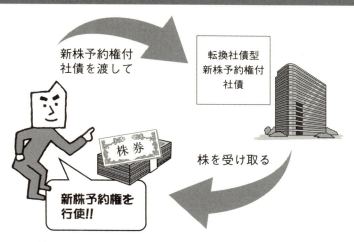

新株予約権付社債を渡して
転換社債型新株予約権付社債
株を受け取る
新株予約権を行使!!

新株予約権を行使するときに社債自体を渡す必要がある

社債部分と新株予約権部分を区分せず，「普通社債」に準じて処理（一括法）

取得時

転換社債型新株予約権付社債を300万円で取得し，その他有価証券とした。

| （借）投資有価証券 ※1 | 300万円 | （貸）現金預金 | 300万円 |

※1 普通社債の取得に準じて，取得価額で計上する。

権利行使時

新株予約権を権利行使して株式を受け取った。

| （借）投資有価証券
（株式） ※2 | 300万円 | （貸）投資有価証券
（転換社債型新株予約権付社債） | 300万円 |

※2 権利行使時の転換社債型新株予約権付社債の簿価300万円を株式に振り替える。

8-4 その他の新株予約権付社債

社債の部分と新株予約権の部分に分けて会計処理

　転換社債型新株予約権付社債以外の新株予約権付社債を，**その他の新株予約権付社債**といいます。その他の新株予約権付社債の場合，新株予約権を行使しても社債部分は手元に残るケースがあります。そのため，**社債と新株予約権をそれぞれ別物**として会計処理します。

■その他の新株予約権付社債の取得者側の会計処理

> 社債の部分と新株予約権の部分に分けて会計処理する（**区分法**）。
> 社債の部分は普通社債を取得したときに準じて，新株予約権の部分は新株予約権を取得したときに準じて会計処理する。

　なお，区分法によって会計処理をするためには，それぞれの取得価額を算出しなければなりません。下記のいずれかの方法によって，社債の部分と新株予約権の部分の取得価額を算定します。

> ① 社債と新株予約権の**払込金額（または合理的な見積額）の比率で配分**する方法
> ② 社債と新株予約権のうち，**算定が簡単な方の対価を決定し，この価額を払込金額から差し引いて他方の対価を決定**する方法
> ③ 社債および新株予約権の**市場価格の比率で配分**する方法

その他の新株予約権付社債の取得者側の会計処理

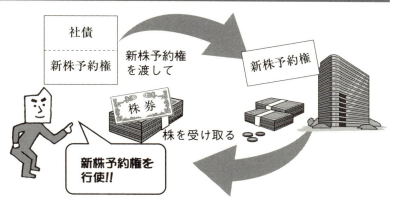

新株予約権を行使するときに新株予約権を渡して、社債は手元に残る

⬇

社債部分と新株予約権部分を区分して、「普通社債（有価証券）」と
「新株予約権（有価証券）」として処理（区分法）

取得時

その他の新株予約権付社債を300万円で取得した。

なお、普通社債部分の対価は200万円、新株予約権部分の対価は100万円とし、ともにその他有価証券とした。

(借) 投資有価証券 　　 （社債）	200万円	(貸) 現金預金	300万円
投資有価証券 　　 （新株予約権）	100万円		

社債部分および新株予約権部分を分けて計上する。

権利行使時

新株予約権を権利行使して株式を受け取った。

なお、権利行使価格は1,000万円である。

(借) 投資有価証券 　　 （株式）	1,100万円	(貸) 現金預金	1,000万円
		投資有価証券 　　 （新株予約権）	100万円

権利行使価格1,000万円と新株予約権の簿価100万円を株式に振り替える。

8-5 その他の複合金融商品

原則一体処理，一定の要件を満たすと区分処理

　その他の複合金融商品とは，「新株予約権と何かを組み合わせてできた複合金融商品」**以外の複合金融商品**のことをいいます。たとえば§8-1で紹介したキャップ付ローンは，「新株予約権」が組み合わされていないので，「その他の複合金融商品」になります。

　その他の複合金融商品の構成要素は，独立して存在し得ます（例：借入金とキャップ）が，キャッシュ・フロー自体は，個々の金融資産・負債から個別に受け取るのではなく，複合金融商品として一括して受け取ります。この実態を財務諸表に適切に反映させるために，その他の複合金融商品は，**原則，構成要素を区分せず，1つの金融商品とみなして会計処理**します。

キャップ付ローンを100万円借りた場合の会計処理

（借）現金預金	100万円	（貸）借入金	100万円

　※　期末の時価評価はしない。

　ただし，複合金融商品の中に**組み込まれたデリバティブ**に，**現物の金融資産・負債にリスクが及ぶ可能性があり，デリバティブの時価の変動による評価差額が当期の損益に反映されない場合**は，原則どおりに一体処理をすると複合金融商品の決済時に突如として巨額の損失が計上される可能性があります。そこで，複合金融商品の評価差額を適時に損益に反映させるため，**構成要素を区分して**処理します。具体的には§8-6の3要件をすべて満たす場合に，区分して処理することになります。

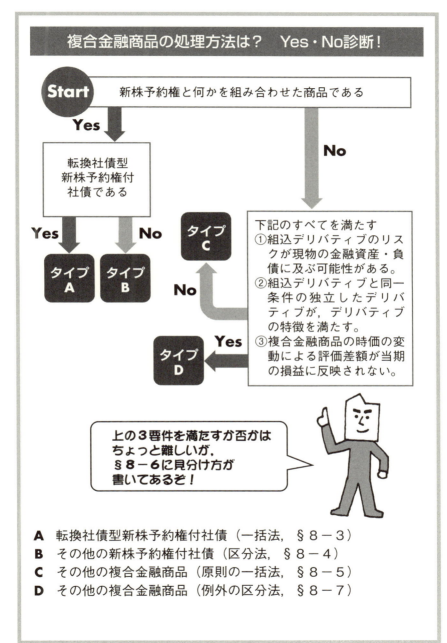

8-6 区分処理が必要な場合

デリバティブの損益を適切に反映させるために…

　複合金融商品に組み込まれたデリバティブ（以下，**組込デリバティブ**）が以下の3要件をすべて満たす場合，**区分処理**をします。

> ①　組込デリバティブのリスクが現物の金融資産・負債に及ぶ可能性がある。
> ②　組込デリバティブと同一条件の独立したデリバティブが，デリバティブの特徴を満たす。
> ③　複合金融商品の時価の変動による評価差額が当期の損益に反映されない。

　たとえば，円貨で預けて，満期日のレートが預入時より円安なら円貨で，円高なら預入時のドル相当額をドルで受け取るという条件の通貨オプション付円建定期預金を考えてみましょう。

　まず円高の場合外貨で受け取るということですが，円換算すると**元本割れする可能性**があり，要件①を満たします。次に「**通貨オプションが組み込まれた預金**」なので，要件②も満たします。さらに預金は期末に時価評価しませんし，円貨のため為替換算もしませんので，**複合金融商品の評価差額が当期の損益に反映されません**（要件③）。

　このように要件①②③のすべてを満たすと，**組込デリバティブの時価の変動による損益を財務諸表に反映させるために，区分して会計処理**します。なお，ここでの「リスク」は，§1-8で説明したような「不確実性」というよりは，決済期日に金融資産の当初元本が減少してしまう場合のように，不利益を被ってしまうという意味で使用されています。

組込デリバティブのリスクが現物の金融資産・負債に及ぶとは？

■リバース・デュアル・カレンシー債（商品の具体的な説明は§8−8）の場合

| 金融資産
円建債券
当初元本100万円
利息1万円（満期受取） | ＋ | スワップ
円建利息1万円を
ドル建利息（100ドル）
と交換 |

満期日の為替相場が…

①1ドル120円の場合：
　当初元本100万円とドル建金利1万2千円（100ドル×120円）を受け取る。
②1ドル80円の場合：
　当初元本100万円とドル建金利8千円（100ドル×80円）を受け取る。

②のケースでは利息の受取額が円建債券の1万円より減るものの，当初元本（100万円）自体は減らない。

債券保有者にとって
組込デリバティブのリスクが現物の金融資産（円建債券）に及ばない。

■通貨オプション付円建定期預金（商品の条件は左頁と同一）の場合
　※預入れ時の為替相場は1ドル100円とする。

| 金融資産
円建定期預金
当初元本100万円 | ＋ | オプション
銀行側による
元本償還の
通貨選択権 |

満期日の為替相場が…

①1ドル120円の場合：
　預入れ時より円安のため，100万円を円貨で受け取る（元本に減少なし）
②1ドル80円の場合：
　預入れ時より円高のため，預入れ時の外貨相当額である1万ドルを受け取る。換算後の円貨は80万円のため，元本が減少

預金者にとって
組込デリバティブのリスクが現物の金融資産（預金）に及ぶ。

8-7 区分処理の会計処理

デリバティブを区分して時価評価

　区分処理の要件を満たした場合，組込デリバティブは，組込対象とは区分して時価評価し，評価差額を当期の損益に反映します。

　§8-6のような条件の通貨オプション付円建定期預金の場合，決算日にオプションを時価評価して評価差額を損益に計上します。一方，現物資産は円建ての定期預金のため，時価評価も換算もされません。

　この商品の場合，預金者は円安なら満期時に当初元本と同額を円貨で受け取ります。一方，円高なら外貨で受け取りますが，円換算すると元本割れしてしまいます。結局，円安・円高どちらの場合でも，満期時の受取額は当初元本の円貨額を超えることはありません。通貨の選択権は銀行にあり，預金者は（プット）オプションの売りのポジションを取って元本割れするリスクを負う代わりに，オプション料が上乗せされた高い預金利息を受け取ります。

■組込対象（定期預金）の預金者の会計処理

　ポイントは利息の計上額です。**利率にはオプション料（オプションプレミアム）が含まれている**ため，**オプション料を除いた金額が受取利息**となります。

　満期日には預金の当初元本を受け取る会計処理をします。

通貨オプション付円建定期預金の会計処理①

【前提条件】
預入金額：100万円
利　率：年4％　満期日に円貨で受け取る。オプション・プレミアム分が上乗せされているため，通常の預金金利より高い。
　　　　　オプション・プレミアム相当額は，1年間で2万円とする。
期　間：X0年10月1日～X1年9月30日（1年間）
決算日：3月31日
満期日における払戻金額：
　　　預入時レート（1ドル100円）より
　　　　円安の場合：100万円
　　　　円高の場合：1万ドル
通貨オプションの価値：
　　　X0年10月1日における通貨オプションの価値：2万円
　　　X1年3月31日における通貨オプションの価値：10万円

<u>定期預金部分</u>

預入時	定期預金の預入れ （借）定期預金　100万円　（貸）現金預金　100万円
決算日	受取利息の未収計上 （借）未収利息[※1]　1万円　（貸）受取利息[※1]　1万円 ※1（100万円×4％－2万円（オプション料の未収計上額））×6/12
満期日	定期預金の払戻し （借）現金預金　100万円　（貸）定期預金　100万円 利息の受取り （借）現金預金[※2]　2万円　（貸）未収利息[※1]　1万円 　　　　　　　　　　　　　　　　　受取利息　　　1万円 ※2　100万円×4％－2万円（オプション料の未収計上額）

■組込デリバティブの預金者の会計処理

組込デリバティブの会計処理のポイントは，預入時と決算日です。

（預入時）

満期時に預金金利に上乗せされた状態で受け取るオプション料を，未収入金として借方に資産計上し，貸方には預入時におけるオプションの価値を負債計上します。預入れの時点では，オプションの価値とオプション料は一致します。

（決算日）

決算日にオプションを時価評価します。預金者から見るとオプションは負債であるため，預入時のオプションの価値よりも時価が上がると損失が，下がると利益が計上されます。

オプションの時価が上がると損をするというのは，オプション料の受取額が預入時に確定しているためです。つまり，オプションの決算日の価値よりも実際には少ないオプション料しか受け取ることができないため，損失が発生したことになるのです。

（満期時）

オプションが決済され，預金金利に上乗せされたオプション料を受け取る会計処理を行うとともに，前期の決算日に時価評価した金額を戻し入れます。

そのうえで，円高にふれ，銀行がオプションを行使し満期日の受取が外貨となった場合は，満期日の「円貨の預金残高（当初元本）」と「外貨受取額の円換算額」の差額を為替差損益として認識します。

通貨オプション付円建定期預金の会計処理②

<u>オプション部分</u>

預入時

オプション料の未収計上

| (借) 未収入金 | 2万円 | (貸) 売建通貨オプション | 2万円 |

決算日

通貨オプションの時価評価と損益計上

| (借) 為替差損 | 8万円 | (貸) 売建通貨オプション[※1] | 8万円 |

※1 10万円(決算日のオプション時価)−2万円(預入時のオプション時価)

満期時（円安）1ドル＝120円

通貨オプション決済による損益計上

| (借) 売建通貨オプション | 10万円 | (貸) 為替差益 | 10万円 |

オプション料の受取

| (借) 現金預金 | 2万円 | (貸) 未収入金 | 2万円 |

満期時（円高）1ドル＝80円

通貨オプション決済による損益計上

| (借) 売建通貨オプション | 10万円 | (貸) 為替差益 | 10万円 |

組込対象である定期預金の減少分

| (借) 為替差損 | 20万円 | (貸) 現金預金[※2] | 20万円 |

※2 定期預金の預入額100万円−払出額1万ドル×80円

オプション料の受取

| (借) 現金預金 | 2万円 | (貸) 未収入金 | 2万円 |

円高だと，銀行がオプションを行使することで定期預金の当初元本が減少するんだね。

8-8 リバース・デュアル・カレンシー債

元本は円貨建て,利息は外貨建て

　ここからは,複合金融商品をいくつか紹介していきます。まずは,§8-6で触れた**リバース・デュアル・カレンシー債**です。

　リバース・デュアル・カレンシー債とは,円貨で購入し,円貨で償還されますが,**利息は外貨で支払われる**債券です。

　このように,**元本については通貨スワップを行わず,金利(クーポン)部分のみを異なる通貨と交換する通貨スワップ**を,**クーポンスワップ**といいます。リバース・デュアル・カレンシー債は,通常の円建債券にクーポンスワップが組み合わされた複合金融商品となります。交換する通貨の金利が円金利よりも高ければ,リバース・デュアル・カレンシー債の金利は,通常の円建債券よりも高くなります。

　また,**デュアル・カレンシー債**といって,円貨で購入し,円貨で利息が支払われる一方で,**償還は外貨**という債券があります。償還時の通貨の金利が円金利よりも高ければ,デュアル・カレンシー債の金利は,通常の円建債券よりも高くなります。

　リバース・デュアル・カレンシー債の場合,元本については円貨で満額償還されるので為替リスクを負いませんが,デュアル・カレンシー債の場合は,発行時に決められた為替レートによって外貨で償還されるため,為替リスクを負うことになります。一方,デュアル・カレンシー債の場合,利息については円貨で受け取るので為替リスクを負いませんが,リバース・デュアル・カレンシー債の場合は,発行時に決められた為替レートによって外貨で受け取るため,為替リスクを負うことになります。

リバース・デュアル・カレンシー債の仕組み

リバース・デュアル・カレンシー債を
円貨で取得・償還利息を外貨で受け取る。

投資家　　　　　　　　　　　　A社（発行体）

リバース・デュアル・カレンシー債を
円貨で発行・償還利息を外貨で支払う。

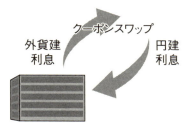

外貨建　　クーポンスワップ　　円建
利息　　　　　　　　　　　　　利息

B社（クーポンスワップの相手）

通常の円建債券，デュアル・カレンシー債，リバース・デュアル・カレンシー債の違い

	購入	償還	利息	
通常の円建債券	100万円	100万円	1万円	円貨と外貨の金利差が利息に上乗せされている
デュアル・カレンシー債 （※1）発行時に決められたレートで償還される	100万円	1万ドル（※1）	3万円	
リバース・デュアル・カレンシー債 （※2）発行時に決められたレートで利息が支払われる	100万円	100万円	300ドル（※2）	

8-9 シンセティックCDO

複数の倒産リスクを取引する

　企業の信用リスクや倒産リスクを対象としたデリバティブがあることをご存知でしょうか。たとえば，A銀行の融資先であるB社の倒産リスクが高いとします。B社の倒産を恐れるA銀行は，Z銀行と「B社が倒産した場合，Z銀行がその融資相当額をA銀行に支払う。その代わり，A銀行はZ銀行に保証料相当額を支払う。」という契約を結びます。このように**「倒産時の元本支払」**と**「保証料相当額」**を交換する取引を**クレジット・デフォルト・スワップ（CDS）**といいます。実態としては倒産に備える保険のようなものです。

　CDSの買い手が債権者（上記の場合だとA銀行）である必要はありません。B社の倒産を予想する者が，他の者に保証料相当額を支払い，B社が倒産したときに一定の金額を受け取るスワップを組むことも可能であり，様々なCDSが存在し得ます。

　CDS自体は複合金融商品ではありませんが，元となる融資等と組み合わせると複合金融商品となります。代表的なのは，CDSと元となる融資等を合わせ，証券化した**シンセティックCDO（合成債務担保証券）**です。証券化にあたっては，一般的にSPC（特別目的会社）が使われます。これによりシンセティックCDOから「元の融資等の債権者の倒産リスク」が切り放され，投資家の負うリスクは「CDSの対象となる融資先の倒産リスク」に限定されます。

　また「B社に係るCDS」「C社に係るCDS」…というように複数のCDSを組み込まれることが多いようです。

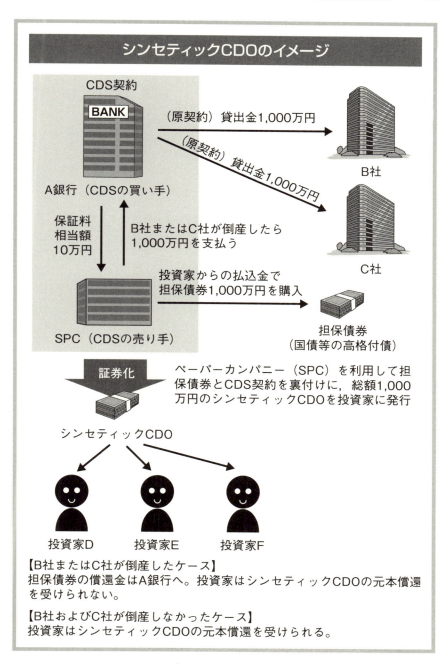

8-10 変動利付国債

短期金利を長期金利にスワップ

　日本国債の多くは固定金利ですが，変動金利もあります（**変動利付国債**）。利払いは6か月に1回で，利払いと同時に次回の金利が決まります（金利改定期間は6か月）。実はこの金利決定に際し「金利スワップ」が組み合わされているとみなせます。すなわち，変動利付国債は複合金融商品なのです。変動利付国債の利率は，どのように決まるのでしょう。

■変動利付国債の適用利率

> 適用利率[1]
> 　＝基準金利－スプレッド[2]
> 　**＝利率改定直前の「10年固定利付国債の利回り」 － 一定の値**
> ※1：ゼロを下限値とする。
> ※2：入札前に財務省が設定し，満期まで変更されない。

　利回りの期間に注目してください。一般的な変動金利の場合，改定の期間に応じた金利となります。しかし変動利付国債の場合，改定期間は6か月なのに，その時点の10年固定利付国債の金利（長期金利）により適用利率が決まります。すなわち，**6か月の短期金利が10年の長期金利にスワップ**されているのです（右頁グラフ参照）。

　債券の価値は，自身の金利と市場金利の差により変動します。変動利付国債は実勢金利と連動しており，固定利付国債より価値変動リスクは小さいといえます。しかし基準金利がスプレッドを下回ると金利がゼロになります。こういう状態で何が起こったのか，182頁でご紹介します。

変動利付国債の仕組み

変動利付国債

国債

金利スワップ
（短期を長期に）

第39回15年変動利付国債の場合
　発行日：平成18年3月20日
　償還日：平成33年3月20日
　適用利率＝基準金利（10年固定利付国債）－スプレッド
　スプレッド：0.45%

第39回15年変動利付国債の基準金利と適用利率の推移

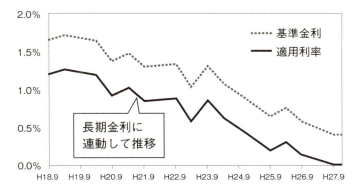

COLUMN

変動利付国債の落とし穴

　変動利付国債のメリットは，**実勢金利の変動に応じて利率が変動**することです。固定利付国債の場合，実勢金利の上昇時に新規国債が発行されると，金利の低い既存の国債の価値は相対的に下がります。その点，変動利付国債は，実勢金利に応じて利率が改定されるため，**価値が下がりにくい**といえます。

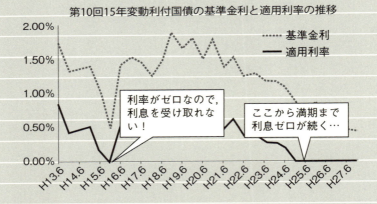

第10回15年変動利付国債の基準金利と適用利率の推移

　ただし変動利付国債には大きな落とし穴があります。上図の変動利付国債の適用利率は，基準金利－0.89％で，発行時の適用利率（基準金利：1.74％）は0.85％でした。ところが基準金利がどんどん低下し発行から3年後（基準金利：0.51％）には，**適用利率は下限値のゼロ**となってしまいました。さらに平成24年12月から満期日までも，**適用利率がゼロの状態**でした。このようなゼロ金利状態が多発し，変動利付国債の時価は暴落しました。超低金利という異常事態で，価値が下がりにくいはずの変動利付国債の価値が落ちたということです。そのため，財務省は平成21年以降，15年変動利付国債の発行を取り止めています。

【監修者紹介】

黒木　賢治

公認会計士　金融事業部　金融部に所属。
金融機関の監査業務に加えて，IFRS支援業務，内部統制支援業務，上場支援業務等の幅広い業務に関与。
共著に「実務必携　信用金庫・信用組合の会計と税務」（経済法令研究会）がある。

【執筆者紹介】

山崎　諒子（第1章・第5章）

公認会計士　名古屋事務所に所属。
情報・通信業，不動産業，精密機器製造業等の一般事業会社のほか，学校法人，国立大学法人および地方公共団体等の監査業務，株式公開支援業務，内部統制助言業務等のアドバイザリー業務やセミナー講師等，幅広い業務に関与。平成27年度より愛知県入札監視委員。
共著に「図解でざっくり会計シリーズ①　税効果会計のしくみ」「決算期変更・期ズレ対応の実務Q&A」（以上，中央経済社）がある。

佐久間　大輔（第2章・第8章）

公認会計士　金融事業部　金融部に所属。
弊法人入所後，銀行業を中心に，リース業，信用金庫，信用組合等の監査業務，米国会計基準への移行や内部統制報告制度（J-SOX）の導入支援，文書化支援，内部監査支援業務，オペレーショナル・リスク管理に関するコンサルティング等の業務に従事する他，法人内外のセミナー講師を務める。
共著に「図解でざっくり会計シリーズ⑤　連結会計のしくみ（第2版）」「設例でわかる資本連結の会計実務」「ケース別　債務超過の会計実務」（以上，中央経済社）がある。この他，雑誌等への寄稿も行っている。

尾田　智也（第3章）

公認会計士・公認不正検査士　金融事業部　金融部に所属。
製造業や国際物流業，IT関連企業の会計監査業務や上場支援業務等を経験後，現在は，地方銀行の会計監査業務のほか，大手銀行及び全国の金融機関に対して，組織開発・内部管理態勢・プロセス改善に係るアドバイザリー業務を提供している。
共著に，「自己株式の会計・法務と税務（清文社）」「こんなときどうする？引当金の会計実務」（中央経済社）など多数。

田代　理（第4章・第6章）

公認会計士，証券アナリスト協会検定会員　金融事業部　金融部に所属。
証券会社勤務後，弊法人入所。入所後は，金融部にてメガバンク等の金融機関を中心として，日本基準，米国基準，IFRSの財務諸表監査，内部統制監査に従事。また，IFRS導入，内部統制関連等のアドバイザリー業務にも従事。
共著に，「Q&A コーポレートガバナンス・コードとスチュワードシップ・コード」（第一法規）がある。

廣住　成洋（第7章）

公認会計士　福岡事務所に所属。
監査業務やアドバイザリー業務に加えて，書籍・雑誌の執筆やセミナー講師等も担当。
共著に「図解でざっくり会計シリーズ①　税効果会計のしくみ」「同⑧　リース会計のしくみ」（以上，中央経済社）「業種別会計シリーズ　自動車産業」（第一法規株式会社）がある。

【企画・編集】

菊池　玲子

公認会計士　第4事業部所属。
小売業，製造業，公益法人等の監査のほか，IPO支援業務，IFRS対応業務，地方公共団体の受託事業に関与。監査法人勤務前は，出版社にて編集に従事。
共著に「図解でざっくり会計シリーズ④　減損会計のしくみ」（中央経済社）「キラキラ女性経営者を目指す！　会社経営の教科書」（同文舘出版）がある。また毎日新聞のウェブサイト「経済プレミア」に「キラリと光る経営者への道」を執筆。

【レビュー】

新井　啓史

公認会計士　金融事業部　金融部に所属。
メガバンク等の金融機関，信販業，IT関連ベンチャー企業等の会計監査業務のほか，受託業務に係る内部統制の保証業務，内部統制支援業務を経て，現在は，地方銀行の会計監査業務に従事している。

【編者紹介】

EY | Assurance | Tax | Transactions | Advisory

新日本有限責任監査法人について

新日本有限責任監査法人は，EYの日本におけるメンバーファームです。監査および保証業務をはじめ，各種財務アドバイザリーサービスを提供しています。詳しくは，www.shinnihon.or.jp をご覧ください。

EYについて

EYは，アシュアランス，税務，トランザクションおよびアドバイザリーなどの分野における世界的なリーダーです。私たちの深い洞察と高品質なサービスは，世界中の資本市場や経済活動に信頼をもたらします。私たちはさまざまなステークホルダーの期待に応えるチームを率いるリーダーを生み出していきます。そうすることで，構成員，クライアント，そして地域社会のために，より良い社会の構築に貢献します。

EYとは，アーンスト・アンド・ヤング・グローバル・リミテッドのグローバルネットワークであり，単体，もしくは複数のメンバーファームを指し，各メンバーファームは法的に独立した組織です。アーンスト・アンド・ヤング・グローバル・リミテッドは，英国の保証有限責任会社であり，顧客サービスは提供していません。詳しくは，ey.com をご覧ください。

本書は一般的な参考情報の提供のみを目的に作成されており，会計，税務およびその他の専門的なアドバイスを行うものではありません。新日本有限責任監査法人および他のEYメンバーファームは，皆様が本書を利用したことにより被ったいかなる損害についても，一切の責任を負いません。具体的なアドバイスが必要な場合は，個別に専門家にご相談ください。

図解でスッキリ
デリバティブの会計入門

2016年9月10日　第1版第1刷発行
2024年8月15日　第1版第11刷発行

編　者　新日本有限責任監査法人
発行者　山　本　　　継
発行所　㈱中央経済社
発売元　㈱中央経済グループ
　　　　パブリッシング

〒101-0051　東京都千代田区神田神保町1-35
　　　　　　電話　03(3293)3371(編集代表)
　　　　　　　　　03(3293)3381(営業代表)
　　　　　　https://www.chuokeizai.co.jp
　　　　　　印刷／昭和情報プロセス㈱
　　　　　　製本／㈲井上製本所

©2016 Ernst & Young ShinNihon LLC.
All Rights Reserved.
Printed in Japan

＊頁の「欠落」や「順序違い」などがありましたらお取り替えいたしますので発売元までご送付ください。(送料小社負担)
ISBN978-4-502-19561-7　C3034

JCOPY〈出版者著作権管理機構委託出版物〉本書を無断で複写複製(コピー)することは、著作権法上の例外を除き、禁じられています。本書をコピーされる場合は事前に出版者著作権管理機構(JCOPY)の許諾を受けてください。
　JCOPY〈https://www.jcopy.or.jp　eメール:info@jcopy.or.jp〉